B U JINGZHENG DE LILIANG

不竞争的力量

全新商业文明时代自强多赢的法则

小刀老师◎著

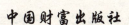

中国财富出版社

图书在版编目（CIP）数据

不竞争的力量：全新商业文明时代自强多赢的法则／小刀老师著．—北京：中国财富出版社，2014.5

（华夏智库·金牌培训师书系）

ISBN 978－7－5047－5192－8

Ⅰ.①不…　Ⅱ.①小…　Ⅲ.①企业竞争—研究　Ⅳ.①F270

中国版本图书馆 CIP 数据核字（2014）第 076431 号

策划编辑	刘淑娟		责任印制	方朋远
责任编辑	刘淑娟		责任校对	饶莉莉

出版发行	中国财富出版社		
社　　址	北京市丰台区南四环西路 188 号 5 区 20 楼	邮政编码	100070
电　　话	010－52227568（发行部）	010－52227588 转 307（总编室）
	010－68589540（读者服务部）	010－52227588 转 305（质检部）
网　　址	http：//www.cfpress.com.cn		
经　　销	新华书店		
印　　刷	北京京都六环印刷厂		
书　　号	ISBN 978－7－5047－5192－8/F·2141		
开　　本	710mm×1000mm　1/16	版　　次	2014 年 5 月第 1 版
印　　张	15.25	印　　次	2014 年 5 月第 1 次印刷
字　　数	204 千字	定　　价	32.00 元

前　言

进入 21 世纪以来，思维革命正悄然发生着变化，商业文明时代已经来临。在以市场为竞争前提的时代，每个企业应收回放在其他企业身上的目光，从自身做起，不断地提升自我、强大自我，从而让自己在竞争中脱颖而出。

自古以来，"争"是所有人的信念，也是被人们视为生存法则的真理，但在如今这个时代，"争"的力量已经被削弱，不竞争的力量正在取而代之。

"争"，很明显需要有对手，但如今每个商业范围都有无数的对手存在，如果我们将每一个同行都视为对手，那么，依靠我们的两只拳头是无法取胜的。因此，我们与其费尽心思去研究对手，不如研究自身，用不争的力量来看待同行、看待市场，从而达到不争而胜的目的。

企业的经营由经营者把控，因此，"不争"的理念首先需要经营者的认可，如果经营者心中仍旧坚持"争"才是获得一切的理念，那么，企业必将在市场竞争中寸步难行，也会因树敌过多而削弱自身的实力，当企业在遇到危机时，无人愿伸出援助之手。

在生活当中，不竞争也是一种积极的力量，我们每个人都面临着生活和工作的压力，有的人将这种压力视为一种前进的动力，有的人则在面对压力时感觉力不从心，其根本区别就在于，有的人与自己竞争，有的人与他人竞争。与他人竞争者，压力会随着敌人的强大而变得强大；而与自己竞争者则会将目光专注于自己的身上，用自身的力量去迎接一个又一个的挑战。

当我们需要一个工作岗位、需要在社会当中找到自己的最佳位置时，我们要做的不是与他人竞争，而是强大自我。这就是不竞争的智慧。

因此，不竞争的力量源于我们自身，只有自身强大了，我们才能将不竞争的力量发挥到极致。不要过分迷恋竞争的力量，尤其是与他人竞争的力量，如果我们需要更强大的自己，应与自己竞争，与自己所处的市场环境竞争，因为了解自己比了解对手更为重要。

我们生活的世界是充满智慧的世界，人与人之间也不是弱肉强食的关系，市场的需求绝不是任何一家企业能够满足的，与其打败对手，不如联合起来，做强、做大市场，只要市场的空间足够大，那么，每家企业就都有生存的空间，就可达到共赢的目的。

本书能在较短的时间内出版得到许多人的帮助与支持，在此真诚感谢秦富洋、方光华、陈德云、刘星、曾庆学、李志起、杨勇、李高朋、孙汗青、陈春东、王京刚、陈宁华、王军生、辛海、蒋志操、王咏、赵国星等人在制图、文字修改以及图书推广宣传方面的协助。

作　者

2014 年元月

目　录

第一章 万物共生

告别残酷竞争衍生的『丛林游戏』

反思"进化论"：你死我活、你输我赢是
进化还是退化

前些天无意间观摩到久负盛名的《清明上河图》，画面中生活祥和、生意红火、市井百态的安乐自在实在让人羡慕不已。虽然今天的人们已经无法回到那炊烟袅袅、男耕女织、小本生意自得其乐的恬淡时光，但不可否认的是，富足安乐、和谐共存的工作与生活场景始终是中国人心中一道美好的风景。

历史走到今天，我们拥有很多时代进步带来的发达便捷，物质生活的普遍富足值得感恩。而伴随科技发达、商业竞逐蜂拥而至的快节奏、高压力、狼性营销、过度竞争多多少少引发了人们的一些冷静之后的思考。我们活着，我们奋斗，到底是为了什么？为了功名利禄，为了爱恨情仇，为了不择手段打倒对手，还是不计代价释放欲望？

曾几何时，弱肉强食的丛林法则俨然成为了一些人的人生准则。放眼周围，有的人在红着眼睛狂奔，一路只有"猎物"不见亲情；有的人刻意追求物质享受，苛求狭隘幸福；有的人不屑于助人为乐；有的人麻木于假丑恶。如果我们习惯了自私自利，不择手段拼杀竞逐，请问我们的生活能真正和谐发展吗？

在多元化价值观并存的当下，中国人也许需要一个视角来重新审视来势汹汹的"竞争狂潮"了。在有些人的意识当中，生活俨然成了戒备森严、处处硝烟、弱肉强食的战场，每天活着，不是担心被伤害就是想方设法投机钻营，甚至巧取豪夺；而在残酷多变的商战中，有些人只注重冰冷的数字和拼杀的结果，将输与赢作为是否成为胜利者的唯一标准，甚至我们会看到资产超百亿的企业在竞争时也会低级炒作、恶性打压，实在让社会大众心生寒意。他们为了利益，为了搞垮对手，不择手段去竞争，却没有一种更高的智慧与心胸超越竞争，和谐共赢。

越来越多的人只奉行弱肉强食的竞争原则，我们不得不说，这样的转变是一种人性的悲哀。就在这样的标准下，人们的心也被束缚了起来，原本充满爱与人情的世界变成了无情的丛林，人与人之间的关系发生着微妙的变化。人与人之间的关系不是只有竞争这一种关系，也有着互助的友爱关系，如果我们忽略了友善互助，而将所有的人都视为对手甚至敌人，那么，我们的人际关系就会变得冰冷无情。

有人说，这一切都是竞争惹的祸，这样的说法将自己的过错推给了不会辩解的竞争，本身就是不明智的。我们首先需要承认，竞争是市场经济时代的必然产物，是无法避免的，而良性的竞争是一种催人上进的动力，很多改写历史的创新型产品就是在这样的良性竞争中产生的。因此，竞争没有错，错的是有些人对待竞争的方式和手段。

"君子爱财，取之有道。"这句话道出了竞争的本质。商业企业完全可以光明正大地进行良性竞争，如努力研发、降低成本、创新销售模式及增加顾客附加值等，这样的努力不以伤害竞争对手为目的，只是依据市场的变化积极应变，是为了让客户更加受益，这是值得提倡的。但如果采用一些攻击诋毁同行的手段，甚至不择手段违法乱纪，虽然可能一时达到了"打压对手"的目的，但却被整个业界所不耻。这样的竞争只能赢得一时，却无法获取最终的胜利。

我们常说，"做人要修心"，修心的过程带给我们的不仅是心灵的一种净化，也是一个提升自我境界的过程。假如一个商人的思想还处在唯利是图的初级阶段，认为商场就是你死我活、你输我赢的战场，那么，这样的思维与现代的商业文明时代显然格格不入。谁都知道，格格不入的结果就是被市场所淘汰。

经商与做人有着相通之处，因此，商业的竞争手法其实是与经营者个人心性的修炼密切相关的。一个品德高尚、光明正大的人会对那些龌龊的竞争手法不屑一顾，因为他知道：即便商人逐利，也要有底线，为了打击对手而违背做人原则和底线是低级竞争，最终伤害的只是自己的名誉和信誉。

但很多人在经商过程中忘记了自己的本质，只是一味地用打打杀杀追求短暂的胜利，为了最终你输我赢的结果不择手段。比如，当某一企业的产品或者服务被消费者投诉时，在原因尚未查明的情况下，竞争对手就开始行动起来，雇人发放一些负面的消息甚至编造欲置对手于死地的违法证据。但是每个消费者都不愿意看到这样的恶性竞争，事情真相一旦查明，消费者会更加同情被抹黑的企业，反而对刻意抹黑对手的企业产生厌恶之感。因此，不择手段的竞争方式最终只会给自己的企业带来伤害。

现在的商业竞争已进入文明多赢的时代，弱肉强食、你死我活的生存法则需要被重新审视与超越。这个世界需要多元化的和谐共存，万事万物需要在更高的层面相互成全。商业竞争的目的并不是为了打败对手，而是让自己更加适应市场的发展需求，超越对手、不断地强大自我，能够为更多人带来更多的帮助。

世界很大，市场很广阔，没有谁可以击败所有的对手，做到一枝独秀，而这也不是商业环境的本质状态。双赢才是商场中最终的胜利方式。在这一点上，百事可乐和可口可乐之战也许会给我们带来一些启发。

美国可口可乐公司与百事可乐公司曾为了争市场而展开了半个世纪的激烈竞争。但在竞争当中，他们奉行的原则是"未必要打倒敌人"。在这一原则下，虽然各种营销方式不断创新，但却没有发生所谓的丛林大战，他们之间的竞争引起了人们对他们的兴趣，因为饮料大战引起了全球消费者对可乐的关注，可乐成为了市场十分受欢迎的饮品。消费市场拓展了，百事可乐和可口可乐的销售都得到了提升，双方都是赢家。

在可口可乐与百事可乐的竞争中，可以发现一个小的细节，就是我们无法在大型超市当中看到可口可乐和百事可乐在同时做促销。这并非巧合，而是双方竞争的一种默契，因为他们知道，没有底线的竞争是损人不利己的一种行为，只有默契的合作才能让双方都获得发展。

如果将商场比做一盘棋，同行之间可以有三种结局，一是赢，二是输，三是和局。你死我活及你输我赢就是前两种结局，产生这样的结局必然要经过一番残酷的厮杀，即便赢的那一方也会遍体鳞伤，正所谓"伤人一千自损八百"；如果此时有其他竞争对手乘虚而入，赢的一方也会在另一场战争中变成输家，这样没有赢家的恶性竞争方式已经不符合现代文明商业的竞争法则，更像是一种退化。我们反观与竞争对手之间的和局，不需要分出输家与赢家，双方握手言和，在下棋的过程中，找到自己的优点和缺点，进一步强大和发展自己，不断创新与实现自我超越，共有的市场与日俱增。因此，双赢的竞争方式才是文明商业竞争的产物，才能体现万物共生的原则。

过分竞争之下，第一和倒数第一都不是赢家

一个人在做任何一件事情的时候，都有一个底线，这个底线不是别人设定的，而是自我设定的，做人做事如此，经商也如此。

如今，过分竞争、功利至上的思维已经让社会付出了很大代价："不要让孩子输在起跑线上"剥夺了多少孩子天真烂漫的童年；"车子房子票子"让多少被欲望驱使的人们失去了幸福的家园。考试必须一百分，竞争必须争"第一"，如果不是第一就是失败，就一无是处，可怕的"第一"成为多少人的噩梦！

其实，"第一"是一把锋利的双刃剑，尤其是过分竞争、人心冷漠背景下产生的第一，压力更甚。对于一些人来说，"成王败寇、第二就是失败"这样的压力一部分来自外界，但更多的是来源于自身的认知。是的，"第一"这个词总是能给人们带来更多的遐想，人们也愿意笼罩在这个光环之下。但只有长期顶着这个光环的人才明白，"第一"所带来的喜与悲。我们在平静的时候都会明白，每个人和每个企业都有自己的唯一性，"第一"并不是一个必须实现的目标，真正需要努力实现的其实是我们为别人、为世界所创造的价值。我们从不否认"第一"给我们带来的一切，但也要看到在得到"第一"的同时，我们失去了什么。只有将得与失都放在面前，我们才能知道，这个所谓的"第一"究竟带给我们人生怎样的影响。习惯了"第一"的位置，我们就不会允许自己的名次有所下降，为了保持这个荣誉，就要把工作当成生活，就需要为数字而忽略真实的生命责任。比如，一个人在事业上取得了成

功，但在家庭上却无法完成自己的角色，从儿子的角度来讲，他无法成为一个孝顺的儿子；从丈夫的角度来讲，他冷落了妻子；从父亲的角度来讲，他与自己儿子的关系疏远；从朋友的角度来讲，他不是一个可以信任的朋友，因为，他总是在朋友需要帮助的时候无暇顾及。这些不称职固然与"第一"无关，但却与生命密切相关。

在经商过程中，努力扩大自己的事业版图，我们称之为雄心，但想要打败所有的对手，唯我独尊，我们就要将这份过分燃烧的雄心称之为野心。

在商业活动当中，竞争是个不可避免的词。这个词本身是积极的，起码是中性的，因为只有竞争，人们才能不断地进步。但是，如果当事人为赢而不择手段，完全失去做人做事的底线，那么，这样的竞争只会伤人一千自损八百，两败俱伤是必然的结果，其典型表现就是为了竞争而竞争、事事想争第一、不给别人出路的狂妄霸权行为。

在第一名的游戏当中，所有与自己竞争的人都是敌人。当一个企业将同行都视为敌人的时候，它就是孤独的，即便高高在上，也无法掩饰这种孤独感。孤独是一种病，它会让企业陷入孤立当中，这样的孤立在风平浪静时看不出有任何危害，最多就是敌人多一点罢了，仇恨多一点罢了。

但是，对手也是一种能量，仇恨更是一颗自己播下的种子。一旦局势失去平衡，一旦时机来临，一旦这个企业自身发生了一些危机，这种"过度竞争导致的孤立"就是致命的。因为，没有一个曾经被伤害的敌人会愿意帮助它渡过难关，他们只会冷漠地看着它走向毁灭，就像这个企业冷漠地对待所有同行的眼光一样。

因此，第一的位置本身就是高处不胜寒，过分竞争下的第一只是为同行树立一个努力的目标和方向，而自身却是树大招风，如果再无法与同行和睦相处，那么，这个位置就会成为一个靶子，当风向发生改变时，所有的对手的箭都会射向它。

当然，在过分竞争之下，第一名难以成为真正的赢家，那么最后一名也是实至名归的输家。在过分竞争下，如果成为最后一名，那么，它本身的实力会因过分竞争而消耗得所剩无几，在这种情况下，被市场所淘汰就是一种必然的结果。

过分竞争对任何企业来讲，都是不利的，因为过分竞争就意味着战场的残酷，在这样的战场上生存下来，即使是第一名，也是输家，因为它自身消耗得已经太多了，最后一名更加会成为牺牲品。所以，我们很容易看明白：过分竞争是对整个行业发展的伤害，无论是笑到最后的第一名，还是被淘汰出局的最后一名本质上都是输家。

商业上的竞争并非只有"消灭"对手，接受对手的存在并善待竞争对手，也同样能够促进自身的发展和整个行业的繁荣。求同存异、自强多赢的"竞赢模式"与你死我活、你输我赢的"江湖拼杀"相比，无疑具有更广阔的市场前景和更旺盛的生命力。

功利结果导向的价值观驱使生活成为"战场"

如果说人生是一场旅行，沿途的所有经历就是一道道不同的风景，而决定一个人走向哪里的，则是一个人的价值观。价值观是一个人心中的信仰，它将引领这个人走向他想去的地方。

在物质繁荣的同时，我们看到功利结果导向的价值观越来越普遍，越来越多的人认可这种价值观，并以其作为自己生活和工作的指导，这样的价值观让原本平淡的生活变得紧张起来。因为，一个人想要的越多，付出的就要越多，生活的节奏也要随之越来越快。对一些人而言，生活就像是战场，活着一天，就要在战场上与敌人拼杀一天，只有这样，自己才能立于不败之地。

当然这样的拼杀并非盲目的，而是有着明确的功利结果导向，参与拼杀的人都希望自己有一天能够成为天上的太阳，独一无二，如果做不到这一点，至少也不要默默无闻。在这些人的眼中，人生不过"功利"二字，缺失了任何一样，都将是一种遗憾。在这种思想的引导下，平凡的生活变得像海洋一样充满莫测的因素，自己的生活少有风平浪静的时候。

　　曾经有这样一个人，他生活在海边，在风平浪静的时候，就会出海去打鱼，而在海上起大风时，他就会休息，生活过得悠闲惬意。

　　然而，有一天，有一个人告诉他，只要你每天多付出一些，你很快就可以搬离海边，去过想过的生活。这个人听后觉得十分有道理，于是他每天都早出晚归，再也没有时间去享受海风和太阳。他的生活变了，每一天都在拼命地工作，只为了去追求想象中的美好生活。最后，在一场风暴中，他不听劝阻非要出海，结果再也没有回来。

其实，生活中有很多这样的人，也许，你和我都是其中的一员。只是看似聪明的我们永远都只能看透他人的生活，却无法看透自己生活当中的盲点，这就是我们常说的识人容易、识己难。

功利导向让我们的价值观在不知不觉中发生着改变，这些改变在外人看来是显而易见的，但对我们自己而言，却无法清晰地看见。这是因为，我们在做任何一件事情的时候，90％的人都会认为自己这样做是正确的，有了这个先入为主的概念，自然就无法客观地看清自己所做的事情。

"不想当将军的士兵不是好士兵"，这是鼓励人们向更高地位迈进的一种进取心，但当这种进取心被"功利"二字所占领时，当一个士兵连最基本的士兵职责都无法做到甚至不屑去做时，请问，这个集体能令行禁止吗？能打赢战争吗？

人类社会越发展，这种功利导向的价值观就越明显，当越来越多的人认为这是一种正确的价值观时，这种价值观就会很自然地融入到我们的生活当中，将我们的生活变成战场。

这就是过分放大竞争和成功主义带给我们的灾难。

我们的世界分为两部分：一部分是工作，是我们所说的战场；而另一部分则是生活，是休息区。在历史上，我们看到的任何一场战役都是分前后方的。踏上征途的那一刻，我们要集中精神，但在退兵回到后方后，我们要懂得张弛有道，懂得劳逸结合。如果一个人没有休息，只是不停地战斗，只会提前消耗自身的能量，这样的战斗是永远无法获取真正的胜利的。

生活的美好就在于因为我们的存在而让世界变得更好，工作的目的一方面是创造财富，另一方面也是为了更好的生活，所以懂得平衡生活和工作的人才是真正活得潇洒的自在人。而那些为了功与利不断压榨生活、逐渐忽略生命真实感受与责任的人，我们称之为工作狂。在所有的工作狂当中，有一部分是因为热爱而全然投入工作，但也有一部分是为了名与利在疯狂竞逐，远离了生活与生意的真意。

功与利是每个人都追求的，但有的人懂得克制自我，有的人却放纵自我，其实，生活就是生活，生活的需求是简单的，不要将生活的净土贴上功与利两个字，这只会让简单的生活复杂化，而复杂的生活则会让我们每个人都感到疲惫不堪。

功利只能是一个人前行的动力，不能成为一个人的终极目标。我们的生活不该成为六亲不认的战场，不要让我们平静的生活充满尔虞我诈，也不要让自己变成一个停不下来的"利益动物"。

哪里有竞争，哪里就有投机取巧者

在经商者的眼中，竞争是无处不在的。而与竞争相伴的则是投机一词，投机一直是一个颇受争议的名词，投机者是某些人眼中的寄生虫，却可能是另一部分拼命学习的英雄，因为他们自身并不创造财富，却能从他人创造的财富中获取最大的利益。

笔者无法对投机者轻率定性，就像市场同样不能对投机者说"不"一样。投机者是在企业不断竞争中产生的，是顺应需求产生的，他们前瞻性地看到可能的需求走势进而采取行动去满足，这是一种智慧和勇气。我们在这里想提醒的是，不要把投机当作赌博，尤其不应该投机取巧甚至为利益不择手段去伤害他人。

投机者与投资不同，在市场交易当中，很多人都是以赔钱收场，他们的投入是不理智的，就像赌博一样，用金钱换取交易当中的乐趣。这样的交易方式显然不是一种投资，而是一种利令智昏的投机。

其实，每个人心中都有这样的投机因子，只是有些人还能够自我控制，但有些人却处于失控的边缘，因此，我们看到了有的人一夜之间暴富，有的人一夜之间一无所有。

市场交易当中的机遇与陷阱都是在企业竞争中产生的，过度竞争、唯利是图是主要的诱因。不安本分、不尊重规律是一种非理智的行为，如果再加上冲动竞争的魔鬼，那真是一场噩梦。

自利利他的冲动往往催生、指引人前进的梦想，而自私自利、争强逞胜则容易招致欲望的泛滥，让生活与工作变得狼狈不堪。投机取巧者有时意识不到自己的危险，在打击对手及成王败寇的思想的指引下，他们往往不知道自己在做些什么，以及这样做所隐藏的危险。

雅各布·利特尔曾是华尔街第一位伟大的投机者，他喜欢在市场行情下跌的时候进行操作，赌股价的下落。这个投机特性让他成为华尔街第一个以"大熊星"的绰号而闻名的人。但是，他最初的名声却是来自对19世纪30年代最热的股票之一——莫里斯运河和银行公司（以下简称莫里斯运河）上涨行情的准确判断。

1834年，市场处在牛市中，莫里斯运河是这次牛市的龙头股，很多人都看好它的前景，但利特尔却知道华尔街的许多大玩家已经卖空了这只股票，正在等待它的下跌。这对利特尔来说，是一个机会。

华尔街有条古老而神圣的规则，正如下面这首著名的打油诗所说的那样：

> 卖出没有的，
>
> 就必须买回来，
>
> 否则就要蹲监狱。

利特尔就是运用这个定律组织了一个投机者集团，悄悄地购买莫里斯运河的股票。他们以大约10美元的平均价格买进了这些股票，由于股票都在他们的手中，自然价格也由他们来定。在一个月之内，莫里斯运河的股价飞涨，达到每股185美元，利特尔和他的投机同伙发了一笔横财。

中国有句话叫常在河边走，哪有不湿鞋。利特尔成为了华尔街上最著名的投机者，他在长达 20 多年的时间里都保持着这样的盛誉，尽管在此期间他曾三次破产，但是每一次他都能死里逃生。无奈，因果循环，投机终究与投资不同，最终，他在 1857 年的市场崩盘中第四次破产，从此一蹶不振。他的经历也许正是投机者最终结局的缩影。投机毕竟是非理智的行为，也许一次、两次能够从投机中获取利益，但长此以往却是以失败告终，这也许就是投机者的最终宿命。

很多人都渴望着一夜暴富，但这只是一种渴望，如果将这种渴望付诸行动，其结果会让我们大失所望。

其实，正面的投机可以理解为把握机遇，这与做人一样，需要的不仅是勇气，更多的是有自知之明和驾驭机遇的智慧。

认真地走好每一步，脚踏实地去奋斗才是成功的关键，没有人可以不通过努力就获取一切。那些投机取巧、一夜暴富的经历只发生在个别人的身上，我们不能为了这样的微小概率而亲手摧毁自己的人生，这样的交易是赔本的，也是不现实的。

我们必须牢记，机遇与危险同在，人生需要清醒澄明，保持一颗不染尘埃的心，明确自己造福社会的人生目标，让自己不断超越自身局限，用智慧与汗水去赢取最终的成功。

逞强斗狠的升级版本就是不择手段

在不少人的意识当中，竞争的目的就是让自己生存下去，让对手倒下去。仔细想想，我们会意识到前一部分也许是竞争的真正意义，但后一部分却有些偏激。

生存是所有企业竞争的原动力，健康发展是企业必须担负的使命。抓住机遇活下来并不难，但绝不能因为自己逐步强大就开始一门心思要打倒对手，而是应该专注练好内功，不断承担更多的社会发展使命。遗憾的是，有的企业并没有意识到这个问题，而是在生存之后，就将目光转向了对手，动用一切可动用的手段去打倒对手，在这些人的意识当中，只有对手倒下去了，自己才能更好地生存和发展。

遵循着这一原则，很多人便在竞争中逞强斗狠，最初运用自己的资本打压对手，然后，手段就会升级，变成不择手段。这些人偏执而自负，认为只要能够打倒对手的方法都是正确的。一个人的思想往往引导一个人的行为，作为经营者，关键在于要具有法制意识和多赢共存的大局观，市场竞争需要的是公平竞争，需要靠本事、才干和智慧为客户创造价值，而不是运用一些非法的手段去为自己的企业获取利益。须知，这个世界没有不透风的墙，一旦不择手段的做法曝光，就会被市场同人所不齿，最终的结果无疑是既害人也害己。

美国芝加哥市曾发生一件这样的事：一天之内有7人因服用去痛片猝死，所有死者服用的都是约翰逊公司生产的去痛片。为此，专家们进行了调查，在检查了50万片这种药物后，什么也没有发现，人们对此都感到不解。后来，从美国其他城市传来的报告说，在该公司生产的某些去痛片上发现了氰化钾，人们这才弄清是有人故意撒毒引起的。

为何会有这样故意撒毒的行为？其根本原因就在于不择手段的竞争。原来，约翰逊公司是美国最大的一家生产阿司匹林的公司，每天仅出售去痛片的收入就近100万美元。这样大的收入自然引起同行的不满，它的许多竞争对手都在处心积虑地设法击垮它，于是为了达到这个目的，我们就看到了这样的悲剧发生。据《芝加哥论坛报》报道，该公司已收到几封匿名信，令其立即出资收购所有去痛片，否则将继续向药片上撒毒。目前该公司的去痛片已无人敢买，公司处于风雨飘摇之中。

事情总有水落石出的一天。那时，约翰逊公司固然举步维艰，但故意撒毒的对手也同样会因这样的不择手段而最终自食恶果。

不少企业在最初阶段，只是订立了一个目标——打败自己的竞争对手。在创业初期瞄准假想敌或许有助于提高企业生存能力，不过，如果企业已经超越生存阶段，却仍对"消灭对手"念念不忘，这就未必值得肯定。如果在这个过程中企业不惜损人利己，让竞争逐步升级，从逞强斗狠变成不择手段就太悲哀了。

不择手段的竞争方式本身就是错误的。但人们总是为了达到目的选择铤而走险的错误方式，即便最终的结果是害人害己也在所不惜，这是一种同归于尽的方式。

企业间存在着竞争，人与人之间也存在着竞争，但无论何种竞争，都要有一定的度，竞争不应该是我们不择手段的借口。任何人做事都要遵循一定的底线，任何没有底线的做法不但违背道德，更会触犯法律。

如果我们的竞争只是为了毫无原则、毫无底线地把对手击垮，那么，这样的竞争就失去了竞争原有的意义。

一个人在经商前，需要修炼的是自己的心灵，没有一颗正直的心，就不会在经商过程中时时用正确的方法去竞争。只有对自己有原则、对事物正确判断能力的人才能走上光明正大的经商之路，如果一个人为了赢而不择手段，这样得来的胜利是不会长久的，自古以来，经商者只有身心正派才能成为最终的赢家。

迷信竞争使人成为"丛林"的俘虏

竞争是市场生存的法则，但也要有度，没有度的竞争就犹如脱缰的野马，失去了控制，最终受到伤害的还是驾驭马的人。

做人是一件需要平衡的事情。一方面，我们要敬畏竞争，另一方面，又不要过度迷信竞争。敬畏竞争会让我们尊重规律和保持警惕，而过度迷信竞争则会让我们树敌无数，不务正业。我们可以试想一下，当我们只想杀戮而忘记播种的时候，当我们的周围只有敌人没有朋友的时候，我们的内心世界会有安全感和幸福感吗？每天都活在尔虞我诈、胆战心惊中，这样的生活，这样的竞争绝对不是我们追求的美好成功！

其实，竞争只是为了生存下去，并不是让我们成为"丛林"的俘虏，也不是让我们变成"丛林"中的一员，每天只知道拼杀掠夺。

适度的竞争可以促使我们进步，但过度迷信竞争，则会让我们的思想变得混乱。那么，我们为何会对竞争如此迷信呢？究其原因，因为我们每个人都有思维的死角，总是凭着感觉去选择性论证问题，这就让我们陷入了"庐山"之中。身处其中，却无法看清事物的真面目。

对经商者而言，市场有一只看不见的手，这只手推动了自己的整个商业行为。但现实中，我们却感觉不到正义和规律的神奇作用，于是，我们会自以为是、妄自尊大，事实上我们只是还没有智慧看见隐藏的规律而已。在我们迷失方向的时候，"竞争"这个词给我们带来了打了鸡血般的兴奋与激情，于是我们就开始迷信这个词，开始放大这个词背后的所谓力量，并相信它能解决我们所有遇到的问题。

我们迷信竞争，因为从本质上我们相信竞争是符合人性、激发斗志、有助于成功的，但往往人们认定的事实却未必是真理。人们之所以会迷信竞争，是因为相信人的生存离不开竞争，正是这个原因，让竞争成为了生活的主题，让我们对竞争产生一种莫名的迷恋，其实，竞争如果超出适当的度，就会走向相反的反向。因此，走出过度迷信竞争的怪圈才能真正走出属于自己的路。

竞争，实际是违反人性和世界存在基本规律的。看似世界万物都存在竞争，但这样的竞争在更高层面并不是竞争，而是维持世界平衡的和谐运动。

在动物的世界当中，其实我们也可以看到很多的合作精神，比如，以团队精神而闻名的狼的世界就是依靠合作共同抵抗外部的竞争而生存的。人类社会的发展也离不开这种合作的精神，只是现在的人们更加注重自我，或者说更加自私，于是竞争这个词就成为了人们生存的首要条件，似乎没有了竞争，就没有了生存的空间。其实这只是人们人性自私的一种表现，这样的竞争让人与人之间不再信任，加剧了人的"恐惧"感，这也是很多人活在痛苦中无法自拔的根本原因。

在我们遇到问题的时候，心态好的人想到的是如何解决。这样的心态没有任何问题，只是我们必须问自己：我们的目标是什么？这样的目标对我们来讲是否过于庞大？换句话说，我们想要的太多，但实际上我们的能力与目标是冲突的。

竞争能解决这个问题吗？答案是否定的。

因为，世界上的纷争与痛苦等问题的来源都在我们的内心，是我们内心过于浮躁贪婪造成的。竞争的死结就是无节制的贪婪，而竞争的本质也是为了满足贪婪。因此，对竞争越是迷信，人就越容易迷茫。

有人说，只有竞争才能创造公平、创造平等、创造自由。这些话在某种程度上有一定的道理，但凡事并没有绝对，竞争也有一定的欺骗性。胜利者的笑容背后永远隐藏着失败者的眼泪，而决定失败与成功的外在条件也是不容忽视的。在竞争机制下，能力强者永远是胜利者；而先天有利者（如有资本者）也处在一个较高的起点。

这样的竞争是公平的吗？因此，过度迷信竞争本身就是一种问题。

当然，也有人认为竞争能够提高效率。的确，人与人之间的竞争，可以最大限度地激发一个人的潜能。但过度竞争会使人产生极大的心理压力，如果我们不懂得释放这种压力，这种压力足以将我们的潜能击溃，让我们即使有一万分的潜能，也只能发挥出其中的万分之一。我们生活在共同的世界当中，需要的不仅是压力，是前进的动力，也需要一个在累的时候能够让我们安然入睡的港湾。而过度相信竞争显然无法让我们获得这样的港湾。一颗长期疲惫的心却得不到休息，这颗心还会健康吗？没有健康，何来潜能？

恶性竞争让人面目狰狞

人性有善与恶的两面性。善良的一面让我们整个人的气质平和美好；反之，恶的一面则会让我们面目狰狞，整个人流露出的则是浮躁不安和危险的特质。但人性的改变往往与事件相连，在生意场上的竞争模式就可以左右人的性情：良性竞争可以让我们展现出平静大气的一面；

反之，恶性竞争则会挖掘出我们隐藏的恶的一面，加剧我们的面目狰狞感。

虽然商场上也有自己的游戏规则，但这个世界从不缺少不守规矩的人，小到插队引起众人的愤怒，大到闯红灯拿性命去开玩笑，这样不守规则的事，我们早已见怪不怪。以此推理，商场上自然也有这样的人存在。

恶性竞争是一种损人不利己的竞争方式，这样的方式是有悖于商人逐利的基本原则的，用这种方式进行竞争的企业往往是将对方推入深渊，也让自己陷入低谷。

一般而言，如果企业所处的行业很不幸地出现了恶性竞争，那么，这家企业就会被这种恶性竞争所连累，企业会被动或主动参与，导致利润率长期大幅滑坡，最终难以为继。可以说，恶性竞争是整个行业的噩梦，它会令整个行业的发展都受到严重影响，这是一种畸形的竞争方式。

市场上的这种恶性竞争不胜枚举，我们在此举一个简单的例子。

　　Ａ公司与Ｂ公司都是销售电子产品的，为了让自己的公司销售业绩上升，两家公司就进行价格战，结果，导致两家公司都因这种恶性竞争行为入不敷出。

对一个心术不正的企业而言，恶性竞争的方式是多种多样的，价格战只是其中的一种，且是最没有技术含量的一种。运用价格战进行恶性竞争，其根本就是拿现在的资本进行比拼。一般的企业都不愿运用这样的方式，因为，这是一种标准的损人不利己的恶性竞争方式。

在恶性竞争方式中，夸大或虚假的宣传信息是较为常用的，也是商人最不经意间就使用的。很多企业都会这样做，甚至认为这只是一种宣传手段，并没有意识到这样的行为已经是一种恶性竞争行为。

企业管理者之所以将这种恶性竞争当成宣传方式，主要是因为在他们的心中，为了达到目的进行或多或少的欺骗是可以被允许的行为。正是这种自我降低的道德标准让企业经营者们对恶性竞争不以为然，结果，害了自己，也连累了同行。

众所周知，一两个企业出现恶性的负面问题，同行业的企业也不会被消费者信任，比如，曾经轰动一时的三鹿事件就导致很长时间内民众对整个牛奶行业的质疑，这是连锁反应。

现代的企业竞争需要道德和底线的约束。只有所有的竞争都在公平的环境下开展，这样的竞争才能对整个行业的发展起到促进作用。因此，企业的经营者在开展竞争前，就要给自己的心灵设下一个底线，时刻提醒自己：真正的竞争是自强，高层次的竞争是共赢，一定不要用恶性竞争的手法去试图打击同行，因为这样的手法是令人不耻的。

恶性竞争的源头是人，一个企业是否进行恶性竞争取决于决策人的心理状态，越是在压力与竞争下，越能看出一个人的本质。对商场而言，竞争是无处不在的，每个企业在每一行业都面临着巨大的竞争，但这并不意味着企业为了在竞争中获得生存和发展，就要使出卑劣的手段。

一切总是用恶性竞争的方式来赢取市场、赢取消费者的行为都是短暂的，一旦事情被揭发出来，人们将不再信任他们，经年累月积累起来的品牌也将在一夜之间被摧毁。须知，只有公平公正的市场才能让企业健康地发展，在任何破坏行为中，最终深受其害的不止是他人，还有自己。

弱肉强食有悖人道关怀

在自然界中，大鱼吃小鱼，小鱼吃虾米，这样的事情每天都在发生，我们早已习以为常，这就是自然界不可避免的暴力与血腥。

在这种弱肉强食的世界中，我们没有办法分清对与错，因为这本就是万物相生相克的原理，我们不能因为同情弱小的白兔，而憎恨以它为食的食肉动物，环环相扣的食物链本身就是自然的一部分，是它们共同创造了自然的平衡。

遗憾的是，自作聪明的人们从自然的这种弱肉强食当中获得了启发，认为人类社会也是自然的一部分，当然也逃不出弱肉强食的命运。这样的想法最初来源于哪里，相信已经没有人能够说清楚了，但它却像病毒一样，荼毒了我们的内心世界，让我们相信：我们不成为猎人，就会成为猎物。竞争与压力成为了生活的一部分，它就像一头恶狗，时刻提醒我们要不断地向前跑，虽然，我们进步了，但我们的生活却改变了，变得无所适从，变得一团乱麻。

尤其是在竞争激烈的商场，弱肉强食的概念更加强烈，在商场时间越久，人的竞争意识就会越强烈，这种竞争意识往往会让我们轻易践踏那些我们曾经珍视的东西，比如良知、人性和责任等。

须知，我们是这个世界的一员，是有血有肉的人，是拥有更高级思维与情感的造物主的杰作。动物之间尚有"情"这个字，如爱子之情与同类互助之情，自命不凡的我们又有什么理由变得比动物更加无情，更加弱肉强食呢？

其实，人类社会一味地强调弱肉强食并没有带来全世界的进步与和谐，因为这种残酷的杀戮和竞争违背了人性，也违背了人道关怀。人与人之间需要的不仅是生存与竞争，还需要很多情感，比如爱情、友情和亲情等，这些情也是我们前进的动力。

人与人之间的情感会让企业变得更加有人情味道，没有情的人只是执行命令的机器。这份人情的味道会让企业的冰冷制度变得温暖起来，会让此消彼长的商业环境和谐起来。我们的社会需要的不仅仅是竞争，更需要人与人之间的真心关爱，友善协作，而这份互动需要我们用情去感受彼此的心。

单纯的弱肉强食是违背人道关怀的。人道关怀来源于人道主义，它是一种进步的思想，是符合时代精神的思想。我们都知道，时代的进步是因为思想的进步。而人道关怀提倡关怀人，尊重人，凡事以人为中心，以人为本。这样的思想体现了时代的进步，而弱肉强食的思想明显与之背道而驰。

其实，人类社会是一个种族，种族间不应存在这种弱肉强食，因为种族内弱肉强食的本质是自相残杀，最终的结果是双方都头破血流或者都死去，这就像一个成年人杀死一个婴儿一样，这样的手法是残忍的，是恃强凌弱的行为。因此，它是一种不利于发展的生存法则。

现在很多人认为"弱肉强食是人类社会的竞争法则"，这多多少少是对竞争的一种误解和偏见，也是对人道关怀的一种背叛。商业竞争虽然无情，但主张竞争的人应是有情之人。我们也许无法做到兼济天下，但也要有一颗帮助弱者的心。当然，也有人会说，在商场上对他人留情就是对自己无情，这样的说法有一定的道理，但并非真理。更多时候，商场上也需要朋友，需要互补协作。

竞争只是商场的一部分，弱肉强食也不是商场的必然法则，该放手的时候就要放手，不要将竞争对手逼入绝境，须知，给他人留活路，也是给自己留退路。我们只有记住这一点，才能始终生活在阳光下，否则，我们只能是活在孤独中的可怜虫，既不会关心别人，又得不到别人的关心。孤独的世界并不漂亮，而孤独的人也会像昙花一样，只轻轻一现，便消失得无影无踪。

事实上，人类能够走到今天，依靠的并不是弱肉强食，更多的是人与人之间的友爱与协作。每个个体再强，也只是个普通人，我们不是神，也不能够掌控所有的一切，每个人都有需要帮助的时候，今天，我们帮助了别人，种下了善因，他日，也许我们就会因这个不经意之间种下的善因而得到善果。

其实，世界不是孤立的

不同的人去看同一件事情，会得出不同的结论。之所以会产生这样的分歧，是因为每个人的思维方式和世界观都不同。但现在的人自我感都很强，对一个人的评价往往来自主观的判断。这些主观的思想可能来源于他人，也可能来源于自身所戴的有色眼镜。我们往往会看到他人身上的缺点，而对其优点视而不见。在很多时候，我们都是戴着这样的有色眼镜去看世界的，而我们所看到的世界也并非真实的世界，而是眼镜的颜色。

我们常常以为自己的眼睛是一切真相的来源，以为只要是自己看到的，就会是事情的全部。其实，只有亲身经历的人才能体会到其中的酸甜苦辣。虽然外人无法感同身受，但是能够与他人分享，那么，这个亲身经历者也不会再感到孤单。

生活在这个世界当中的每一个人都不应是孤立的，我们可以违心地告诉自己：我不需要别人的关心。但这只是我们的伪装，每个人内心深处都希望得到别人的关心和关注。当然，任何回报都需要以付出为前提，如果一个人本身就将别人孤立于外，那么，其他人自然而然地也会将其排除于外。

曾经有这样一个发人深省的故事：

有一位老人，他从小生活在村落里，从未离开过。有一次，他外出买东西，途中遇到了一个年轻人，这个年轻人很明显不熟悉这里，于是老人主动问道："年轻人你是外地来的吧？"这个年轻人点点头，"老人家，您是这里人，您对这里一定很了解吧。因为工作的关系，我要搬到这里，这是一个怎样的城镇呢？"这位老人看着面前的年轻人，没有直接回答，反而问道："你从哪里来呢？你们那的人又怎么样呢？"年轻人听后，表情变得沮丧起来，回答："我从某地来，在我们那里，人们都很假，他们只会做表面功夫，没有人真心对你，总是喜欢用一些不见光的手段去对待他人，在我们那里生活，你要时刻小心、注意，正因为如此，我才想搬离那里。"老人听后，整个人沉默了，他想了想，对这个年轻人说道："我们这里的人比你们那里更坏！"这个年轻人听后哑然离开。他已经决定再也不到这里来了。

老人看着年轻人离去的背影摇摇头，这时，又有另一个年轻人来到了老人面前，这次这个年轻人主动开口："老人家，您好，您是这里人对吗?"老人点点头,年轻人见老人点头很开心,于是问道:"我想问一下您,这里的民情风俗怎么样?"老人同样反问道:"你从哪里来,你们那儿的民情风俗又怎么样?"这个年轻人听后,笑着说道:"我是从某地来,那里的人很善良,他们对人很好,懂得彼此关心,每个人都有一颗急公好义的心,对于有困难的人,他们总是会热心地帮助,我很喜欢那里,可是因为工作的关系,不得不搬到这里。"老人注视着这个年轻人,听着他所说的话,脸上终于露出温暖的笑容,仿佛自己也受到了这个年轻人的感染,老人这样告诉年轻人:"你放心,我们这里的人也非常善良热心,他们每个人的心里都住着一个天使,你会喜欢上这里的,因为,这里也像你来的地方一样,充满了温暖与温馨。"

两个不同的年轻人在老人那里得到了不同的答案,对于第一个年轻人,老人是排斥的,这是因为第一个年轻人先将所有人排斥于外,在他的世界中,所有的人都不值得信任,对于这样一个人,老人也同样产生了排斥的心理;但第二个年轻人内心相信人性是善良的,所以他也收获了老人的信任与关爱,这样的人无论走到哪里都会受到欢迎。

其实,这个世界不是孤立的,人也不应是孤单的。尤其是身处商场的人,商业的竞争是残酷的,在这种竞争中更需要朋友,如果一个企业家四周都是敌人,那么,这个企业家每天只能活在担忧当中,这样的生活本身就是一种残酷。因此,学会与人相处,学会与其他的企业相处,才是不让自己陷入孤立的关键所在。身处商场之人不容易相信他人,也更加容易树敌,但有一点我们需要清楚地知道:无论什么时候,多一个朋友总比多一个敌人要好。

原来，生命不是为了输赢

生命的本质并不是为了输与赢的结果，而是丰富生命的过程，这就像爬山一样，没有爬的过程，就不会体会到爬山的本质。即使到了山顶，看到了山下的风景，也会觉得其中缺少一些东西。

输与赢只是短暂的结果，而结果不是生命的本质，我们并不是为了某种结果而出生的。如果说，生与死都无法由我们自己做主，那么，整个生命的过程，我们是可以掌控的，而只有掌控自己命运与过程的人，才不枉来尘世走一回。

如果今天的你还没有走出昨日的阴影，那么，你的人生就会被这种情绪所影响，认为自己的人生已经输在了昨天，其实，你可以轻松一点！须知，没有真正输赢的人生，每个人的人生都是由成功和失败串联而成的，而成长才是个体生命的使命，成全才是人与人之间的最高境界。

执着是我们眼前的障，让我们看不清前方的路。拥有执着之心的人，情绪往往不由自己控制。只有心思不刻意执着在任何一个褊狭的感觉上，我们才能真正走近生命的本质。

一般来说，女性是感性的，她们总是比男性更容易感情用事，这种情感容易让她们陷入对生命输赢的纠结当中。人的七情六欲牵引着每个人的情感和情绪，很少有人能够做到对所有的事情都用理性去分析，而感性带给我们的多是一时冲动后的无尽后悔，于是我们从一种情绪陷入了另一种情绪，生命就在这种情绪的不断变幻中悄然流逝。

商场中的这种情绪变化来得更加突然，如果你时时刻刻被情绪所控制，那么，你的生命真的就输了。中国有句话叫"常在河边走，哪有不湿鞋。"经常在商场拼搏的人无论怎样心思缜密，都会发生误判的情况，如果遇到一个懂得理解员工的老板，他给你带来的是安慰，但多数老板都希望员工能够百分百地完成工作任务，在这个要求下，误判就是一种严重的错误，因此，被训话的可能性远大于被安慰，这时，如果你无法承受这样的压力，情绪就会走向另一个极端，比如踢踢小狗小猫来发泄心中的不满，如果你这样做了，你就是真正的输家，因为，你输给了情绪，也输给了自己。

很多人在有机会赢之前，便已失去斗志，这就是被情绪控制的结果，也是太在乎输赢的结果。每个人的生命都只是单程票，在行走的过程当中，我们需要注意的是沿途的风景，注重的是过程和这颗心的真实感悟。爱自己，爱他人，爱这个世界，并且，愿意为世界的美好而贡献自己的一份力量，爱才是生命的主旋律。

是的，生命不是为了输赢而来，生命是为了绽放和超越而来！

赢得了一时，也赢不了一世。既然赢与输都只是一个过程，我们又何必太过于在意呢？

真正的输与赢在每个人的心中，禅学里有个苏东坡与佛印的公案：

有一天苏东坡和佛印辩论，他问佛印："你看我像什么？"佛印看了看苏东坡，回答说："像个佛。"苏东坡又问佛印："你知道在我眼中，你看起来像什么？"佛印笑着问他："你看我像什么？"苏东坡说："你看起来像堆牛粪！"佛印笑而不答。苏东坡很得意地以为他赢了，回家告诉苏小妹："今天我终于辩赢了佛印那个老和尚。"苏东坡把事情的经过告诉了妹妹。聪敏的小妹听完后对哥哥说："你还是输了。佛印因为心中有佛，所以他看你像个佛。"

看吧，输与赢存在于我们每个人的心中。

如果你心中认为自己的生命充满喜乐和感恩，相信美好，愿意与人为善、成人之美，那么，你就赢了。反之，你就输了。这个世界就是这样，表面的输与赢根本不重要，心中的输与赢才是生命的本质。这就是我们常说的心中有佛即是佛。

做人如此，经商也是如此，不要计较一时的得与失，将目光放长远，用一颗正直的心去对待竞争，对待企业的生存与发展，只有这样，企业才能从宣传出来的品牌变为人们心中的品牌。

万物和谐，各安其位

世界上的人都渴望成功，渴望幸福，但是为什么还是有那么多人被失败和痛苦包围？

看看我们的身边，多少人贪慕虚荣，一味地追求功名利禄，哭着喊着做"人上人"，满脑子都是"位子、房子、票子"。普通人不去脚踏实地奋斗，总是妄想一夜暴富。富贵人不懂回报社会，反而恃强凌弱、为富不仁。有的男人没有男人顶天立地的样子，女人没有女人的美德和温柔特性，种种乱象多么让人痛心。

一切丑陋与痛苦都是因为人们忽略了对本性、本分、本职的基本认知和尊重，而这又源于人们"心乱错位"的焦躁状态。如果我们在社会生活中不尽职、不尽力、喜虚荣、做假事，任凭欲望驱使，妄语妄行，又怎么能收获真正的成功与幸福呢？

变态扭曲的价值观一定会导致混乱不堪的结果，那是会害人害己的。

曾有一个人一直向往神界的生活，在他看来，那儿才是真正的天堂。有一次，他有机会进入神界，他很激动，因为，长久以来的愿望终于如愿以偿。他兴高采烈地进入了神界，看到了神界的全貌。

神界的人很少，风景很美，这一切让这个人很享受。但几天过后，他就觉得痛苦了。他在这里很孤独，虽然每天都在欣赏不同的风景，但却没有人与他分享。这让他很怀念人间的生活，那里有亲人，有朋友，还有一群志同道合的同事，而神界除了风景，一无所有。于是他请求天神让他回到凡间。天神对他说：我孤独了上万年，而你才几天就无法忍受了，好吧，我不会强人所难。天神将其送回了人间，回到人间的他感觉整个人又重新活过来了，原来，这里才是自己的天堂。

每个人都有自己的位置和使命，不要去强求得到那些自己无法得到的东西。虽然，每个人都希望自己成为神，可以成为他人和命运的主宰。但随着年龄的增长，我们就会更加懂得：简单是福，平淡是真。

只有看清自己的位置，安于自己的位置并尽好自己的本分，社会才能和谐，一个和谐的社会才能带给我们简单的幸福。当然，这只是从工作的角度切入而得到的结论，但社会上的位置并不只有工作位置，人际关系也是社会的一个重要课题。尤其是中国人，对人际关系更为注重。在中国漫长的封建社会当中，人治取代法治，亲缘关系就成了人治的关键所在。因此，中国人讲究"朝里有人好做官"，讲求"多一个朋友多一条路"。

在诸多关系当中，亲人被认为是最可靠的一层关系，然后是朋友，同窗、同事、同乡排在朋友之后，最后是邻居和熟人。如果有些人是在这四层关系之外的，那么就会被排斥，人们会从心里产生不信任感，这些人也难以获得足够的安全感。有些事情讲究缘分，因此，关系的位置已经定下来了，我们能做的就是维持这样的关系，让自己的人际关系尽量和谐。

一个人要想更好地安于自己的位置，就要扮演好生活中的角色。在生活中，要对自己的父母尽孝。"孝"这个字曾是中国社会不断延续的根本，但现在，人们对这个字的理解产生了分歧，做法更是千差万别。似乎"孝"这个字已经成为了历史，这就是不安其位的表现。

中国有句话叫"虎毒不食子"。老虎再凶悍也不会对自己的孩子下手，世界的父母也是一样，对自己的孩子总是无微不至。但反过来，当父母年纪大了，孩子却将年迈的父母视为生活的包袱，冷眼冷语相待，伤透了父母的心。这样的子女很明显没有扮演好自己的角色。

人到中年的压力是最大的，上有父母要尽孝，下有孩子要哺育，无论压力有多大，我们都要尽自己的所能，扮演好自己的角色，在自己的位置上尽职尽责。

在职场中，每个岗位都有自己的职责和使命，老板做好老板应做的事情，员工在自己的岗位上尽职尽责，这个企业才能和谐运转。以一个企业的中层管理者为例，面对上级，他是下属；面对下属，则是上级。在这种情况下，他需要做的就是适应自己的位置，安位尽责，做到对上忠诚负责，对下管理有序，协调上下左右各种职业关系，推动企业发展，只有这样，才算是一个称职的中层管理者。

"万物和谐，各安其位；敬天爱人，友爱共生"的原则是普遍的，也是世界存在的智慧。

一个人要想成功，首先需要自我认知，自我负责，这决定于我们自己的内心选择和生活中的美德修炼，实际上就是对自己的生命态度。中国人过去说的是"正心诚意，齐家，治国，平天下。"要先从正心诚意开始，从小开始修养身心，要从感恩、从亲情、从孝敬父母这些地方生发，严于律己，长大以后才懂得在社会关系中安守本分，有礼有节，那么，美好人生与和谐社会才不再是遥不可及的海市蜃楼。

道法自然，优胜劣汰

人类是自然的一部分，但这部分却与生存在地球上的其他动物不同，造物主给了我们智慧的头脑和悲天悯人的情怀，正是这份不同让人类成为世界的主角。但有些人太过注重自我，甚至认为，这个地球一旦离了自己，就会停止转动。其实，我们没有那么重要，把自己看得越重的人越容易自大，而自大的人往往是最先被淘汰的一批。

优胜劣汰的自然法则对每个人都适用，这不是一种残忍，而是一种大自然自我平衡的法则。这个世界的资源是有限的，如果没有这种优胜劣汰的淘汰机制，那么，自然就无法生存下去。

这种淘汰伴随着外界的压力，这就是物理中的一个规律：要改变一个物体的运动状态，必然要施加外力。动物的世界当中存在着优胜劣汰，人类社会也同样如此，优胜劣汰、适者生存的法则也在人类社会中不断地上演。

而我们要想更好地适应社会的发展，就要有一颗优胜劣汰的心，要明白自己所处的并不是可以悠然自得的时代，在这个时代中，你的原地踏步就是退步，而退步就意味着被淘汰。

毕业于哈佛大学的美国哲学家詹姆斯说："你应该每一两天做一些你不想做的事。"这句话初听起来有些较真，甚至让人感到不自在，但却是一个值得尝试的建议。人是主观性动物，每个人都希望自己所做的是自己喜欢的，但喜欢的却无法让我们更加全面，这就像"容易走的都是下坡路"一样。如果一个人只走下坡路，那么他的路只会越走越窄。只要一个人愿意去改变，愿意去努力学习与成长，时间会为他开出证明，当量变积累到一定程度时，就会发生质的变化。因此，不要去追求改变的立竿见影，只要每天进步一点点就行了。

有了每天的一点点自我超越，我们在竞争中就会有明显的优势。

每个人身上都有惰性。这种惰性是与生俱来的，如果没有动力，这种惰性将持续下去且无法改变，如果一个人的惰性占据了这个人的灵魂，那么，碌碌无为必将是这个人的最终结局。因此，我们要学会让自己进步，去除我们身上的惰性，而"每天做点困难的事"，就是让自己产生动力、不断前进的方法之一。

每个人都有自己的优点和缺点，只有将缺点慢慢变成优点，我们才能真正获得进步。比如，一位营销人员的工作就注定了要面对客户，而他本身虽然对业务很熟练，但却害怕当众演讲，这时，他要做的就是每天对着镜子进行练习，直到不再害怕为止；假如一位从事公关工作的人性格内向，那么，他要做的就是每天主动与主要的业务伙伴联系，或是打电话，或是相约见面，尽量让自己的性格变得积极外向，因为只有这样的性格才能在工作上取得突破。我们每个人都有自己的缺点，但如果能够正视这些缺点，并通过努力去改变，我们才能在这个激烈竞争的社会生存并发展下去。

这是一个"每天淘汰自己"的过程。正是这个过程让我们每一天都能看到一个崭新的自我。当然，你也可以安于现状，但你不努力超越自己，就会被这个社会淘汰。

在现在的社会中，竞争已经成为了主题，没有人可以不通过竞争就能很好地生存和发展。论资排辈的时代已经一去不复返了。在这个时代当中，只要你有能力，并且不停地努力让自己更加优秀，不停地找准自己的立足点，用更多的汗水完成自己的工作，就一定能顺应时代发展，赢得更多的尊重。

最近几年，很多人都在拼命地追逐物质利益，甚至不惜透支健康、家庭、诚信和友情等，可是即便这样，他们依然没有获得自己想要的成功与快乐，反倒越发让自己烦恼痛苦。这就是因为他们不懂得道法自然，没有找到成功的规律。

首先，我们需要淡泊以明志，宁静以致远，别想那么多，知足者常乐，分享者悦己，与身边的人、单位领导、同事、家人等好好地相处，这样就很容易幸福快乐。

其次，我们要明白一个道理，只有全心付出，全力奉献，满足社会需求，真正利益大众，这才是做事成功的根本，才是不被淘汰的资本！这其实就是自我修炼的境界，它决定于"战胜自我"的程度，决定于"做人"的功夫。只有战胜了自己与生俱来的自私懦弱、好吃懒做、贪图享受等人性弱点，才能超越这些人性弱点，成为真正成功并且幸福的人。

第二章 不争之争

超现实的东方生存智慧

天之道，生生不息

　　天道的存在就是让万物不断地繁衍生息下去。因此，商道也是天道的一种外在形式。商道存在的目的是让商人为天下创造财富。《周易·系辞》中说："富有之谓大业，日新之谓盛德。"这句话的意思是说人人为万物之灵，应当尽其天赋能力，努力为社会创造财富，成就大业。而商人所走的道就是创造财富之路。每个商人在创造财富的过程中，都应该尽自己最大的努力，用自己的才能在商场当中演绎"天之道，生生不息"的含义。

　　任何天道都应遵循一定的规律。凡事有因果，一切唯心造。

　　商道强调的是"君子爱财，取之有道"。

　　曾有人说，世间的一切罪恶都来源于财富。这样的说法既片面又武断，颇有一些仇富的心态。如果，我们每个人都说真心话，那么，财富的排名一定会很高，因为，它的吸引力和魅力没有几个人能够抵挡。但财富的获得需要有正当的渠道，只有以正当手段得来的财富才能真正地创造幸福的生活。

　　有一个天使来到了凡间，他在凡间结交了一个朋友，他很喜欢这个朋友，因为在他看来，他的朋友很单纯。

有一次，他出去游山玩水，感到很累，于是提前回到朋友的住处，但却没有提前告诉朋友，结果，他看到了他不想看到的一幕，朋友正在与其他几个人商量着如何陷害另一个人，目的是得到那个人的财富，听到这里，天使不敢相信，自己在凡间的第一个朋友竟是为了钱而不择手段之人。这时，朋友发现了他，虽然惊讶，但却并没有说什么。

天使感到很痛心："为什么？"

朋友笑了："我喜欢和你交朋友，因为和你在一起，我会觉得自己也是纯净的，但我有我的赚钱之道。如果你愿意，我们还是朋友。"

天使摇头说："我很失望。我认为你是个君子，但事实你却不是。"

天使离开了凡间，两个人的仙凡友情也结束了。

我们每个人心中都有一个天使，它纯净且自然。但同时，我们心中也有一个魔鬼，它自私而贪婪。如果魔鬼成为了我们的主导，那么，我们对财富的概念就会被污染，商道的生息就会停止。

商道是天道的一部分，而财富则是商道的中心，商道是否能够延续下去与财富有着密切的关系。取之有道的财富有利于商道的生生不息，利用非法的手段获取的财富虽然来得容易，但去得更快。

因此，用利益众生的价值、用光明正大的方法获取财富，才能让财富发出真正的光芒，而如此创造财富的人，才能坦然享受财富所带来的一切。

在商道中得到财富只是过程，分配财富才是结果。

在天道中，财富的分配也是商道生生不息的一个主要问题。公平是财富分配的原则。实现社会财富公平的途径就是遵循"损有余而补不足"的天道法则。人们创造财富，不是为了成为财富的主宰者，而是通过财富完成社会资源的再分配和爱心的大传递。

如果一个人创造了财富，就把所有的财富据为己有，这样的分配方式明显是自私狭隘的行为。也许正是这样以个人为中心的短视财富观让很多人为财富犯罪而追悔莫及。

财富只有带给他人和社会利益的过程中，才能发挥最大的效用，找到终极的归宿。

当然，商道只是天道当中的一部分，人类与这个世界所有的动物植物都属天道，要想天道长存，我们需要做的就是做好自己的事情，只有整个人类社会与这个世界的其他生物相和谐，天道才能长存并生生不息。

圣人之道，为而不争

每个人都有自己想得到的东西，这些东西总结起来就是"名"、"利"、"情"三个字，这个世间所有的纷争都起源于此。

在人们的意识当中，人世间的纷争不断，说到底都是为"名"、"利"、"情"而争。一个人如果不争名、不争利，在许多人的眼中，这样的人并不是什么成功之人，而是其软弱无能的表现，正是这样的认知让有些人的心中隐藏着一种魔鬼般的冲动，总想通过争的方式来告诉世人自己是个英雄。

其实我们可以换个角度来品读人生。老子在《道德经》中说："水善利万物而不争。"在《道德经》最后收笔时又写道："圣人之道，为而不争。"可见，为而不争才是生命的最高境界，也是一个人追求与体现生命价值的最高境界。

曾经有个朋友讲过发生在他身上的一个故事。当时，他是笑着讲述的，但却告诉了我们一个为而不争的圣人之道。

当时的他还是个孩子，生活于20世纪70年代，从那个年代走过的人都知道，当时的中国各种物资很贫乏，很多人都处于饥饿的状态。

有一次，邻居家结婚，婚宴是中国的传统习俗，当时，朋友与比他大五岁的堂哥坐在同一个桌子上面。

最初的时候，摆上来的是几道简单的素菜，桌子上的人都很淡定，一边吃，一边聊天，最后是两道荤菜，这对当时的农村而言是非常奢侈的珍品。当时，朋友还在考虑如何去分配仅有的几块肉，结果同桌的其他人已经开始抢了，当他反应过来的时候，仅有的几块肉已经不见了踪影。朋友的堂哥以教训的口气对他说："你不争不抢，永远吃不到嘴里。"

这句话影响了朋友，以后遇到好吃或好玩的，他也起了想争的念头，但无奈与自己在一起的堂哥总能以体力获得绝对的优势，因此，朋友每次都是以失败告终。朋友虽然很气愤，却也只好忍气吞声。

直到高考成绩公布的那一天，朋友的堂哥第一次没能依靠他的体力争过朋友。朋友以优异的成绩考入大学读书，而他的堂哥却必须继续在故乡做农民。

毕业后的日子，朋友很顺利地得到了工作，日子也过得越来越好。而好胜的堂哥还是一如既往地与他人去争，因此，也破坏了他的人际关系，时至今日，争抢并没有给朋友的堂哥带去多大的收获与快乐，他反而因操劳而变得体弱多病。

"天之道，利而无害；圣人之道，为而不争。"这是《道德经》末尾的一句话，这句话并不是作者的空想，而是东方智慧的高度概括，是中国古代的先知对生活在世俗中的人们的最重要的叮咛。

一个人所得到的真正有价值的东西都不是依靠恶性拼杀得来的。比如，商场上的功成名就归根结底是靠为社会创造的真实价值赢得的。争是争不来成功的，成功最终依靠的只能是自己。

在这个世界上，很多事情通过双眼蒙蔽了我们的心。争就是心中的障，我们的双眼看到很多人用争的方式获得了利益，于是我们就依样画葫芦，却忽视了这些人背后的自我提升和自我奋斗。在圣人的心目中，世间的名与利都是浮云，生不带来，死不带去。所有因名利而产生的争斗，就像两个蚂蚁在争夺一块腐肉一样，没有任何的价值。

有人曾说：人活一世，草木一秋，能够流芳百世此生当无憾。这是一种人过留名、雁过留声的想法，但历史却告诉我们，凡流芳百世之人都是不争之人。比如老子，他的一生都在为人类做贡献，没有想过去争，但《道德经》却流传了下来，成为人类智慧的结晶。而喜争好战之人，往往因为对自然、对生命无情无义，落得遗臭万年的下场，最典型的人物莫过于秦桧，他的一生都在与岳飞争，虽然最后岳飞死于其手，但他的下场却只能是跪着面对后人。

所谓"不争"，从现实意义上看就是不争功、不争名、不争利。尤其是在商场当中，我们更应明白不争的含义，只有这样，才能将为而不争的精神贯穿到整个企业的运营当中，让企业在自我提升完善中获得更好的发展。

也许有人会问，不争是不是让人无所作为？

这是对不争的一种误解。其实，真正的不争是不断内求反省，不断提升自己的智慧与力量，同时懂得敬天爱人，让一切顺其自然，不依靠强取豪夺去满足自己的虚荣心。这个世界有很多不争的人，他们拥有超凡脱俗的崇高精神境界，在自己专属的领域用心付出，默默地为他人奉献而不求回报，为而不争是他们做人的准则，所以，功德圆满也是这类人的福报。

不与争，尔何以胜我

天之道，不争而善胜。人与人之间的输与赢都源于一个"争"字，这个字会让人从和谐走向对立。当然，"争"也有另一面的作用，就是激发人的进取心。但真正有智慧的人都明白，凡事与人争讲究的是手段心机，与自己争才能谈成功幸福。因此，自立、自强、平和、包容的人往往是智慧的，他们明白"木秀于林，风必摧之"的道理。不争的人一方面可以隐藏自己，另一方面也可暗中壮大自己，不争足以让一个人在最大限度上避开绊脚石，使自己能够在无声无息中离成功更近。

反观不惜代价必争第一的人，他们往往四处树敌、伤痕累累，所承受的打击远非其他人能够理解，那种莫名的痛苦足以摧毁一个意志不坚强的人。

有人将商场比喻为没有硝烟的战场，这种比喻本身说明了商场的残酷。每个经商者都希望自己的企业能够长久地发展下去，用自己的努力去创造辉煌，于是便打响了争夺市场的战争。

　　　张瑞敏就曾在企业内部会议上讲过一个故事：他在上中学时到中山公园劳动，在喂狼的时候，他给狼一根骨头，所有的狼都上来抢。如果再扔一根骨头，这些狼又同时来抢这一根骨头。哪怕扔进去五六根骨头，它们也不会每一只狼分一根，而是共同去抢一根，抢完了再抢另一根。

这个故事只是想告诉还处在竞争中的人们如何去做一只聪明的"狼"，企业的市场竞争是无处不在的。"不争而善胜，不言而善应"是企业的应变策略。在这个策略的指导下，企业只能提高自身的竞争力来进一步满足用户的需求，从而让自己立于不败之地。

"天之道，不争而善胜，不言而善应，不召而自来，坦然而善谋"，这是《道德经》第 73 章中的至理名言。企业的发展也应遵循这种智慧，专注于发现与满足用户的需求，真正为天下人谋福利，而不是将目光转向竞争对手，靠打压伤害同行去抢占市场份额，只有这样，才能做到"不争而善胜"。

有人认为，不争本身就是一种消极处世的哲学，企业当中的不争更是意味着即将被淘汰。其实，这只是人们对不争这个词最浅显而又错误的理解。不争，绝不是无所作为，而是在更高程度上的"争"。只是改变了争的对象、争的目的，这一改变意味着企业将不被竞争对手所影响，从而走出一条真正属于企业自己的路。以"不争"泯绝那些形名之争，从而得到"故天下莫能与之争"的结果。

从古至今，只要有市场，就会有竞争的存在，竞争对手是永远不会少的，任何一个行业中竞争对手的数量都是数不清的。如果企业只是专注于不择手段打败竞争对手，那么，很有可能不务正业，其结果最终也是被市场所淘汰。

一心盯住竞争对手是企业经营者常犯的错误之一，我们可以试想一下，一个人总是盯着另一个人的一举一动，那么，他就会在不知不觉中被那个人牵着走，从而找不到自己的目标和想走的路。

在古代曾有这样一个人，他是一个大夫，而邻居也是个大夫，他与邻居之间表面上和和睦睦，但实际上，任何事情他都想与邻居比个高下。有一次，邻居出门去采药，在一座险峰上采到了一株珍贵的草药，他看后觉得很不服气，认为自己无论医术还是运气都要比邻居强。于是，他也到险峰之处寻找珍贵的草药。结果，他运气很好，真的被他发现了一株长于险峰的灵芝。他慢慢地爬上去，就在离灵芝一步之遥的时候，脚下一滑，整个人掉下了山崖。所幸，他在掉落过程中，被一棵树挡了一下，虽然还是掉了下去，但却没有丢掉性命，然而摔伤了脊椎，下半辈子只能以躺的姿势度过了。

这个大夫从此由巅峰跌落低谷，甚至命悬一线，这样的结果就是因为他过不了一个"争"字。

做人与做企业一样都要"不争而善胜"，要脚踏实地专注于自己的事业，不要被假想中的竞争对手所迷惑。一个企业只要明确自己的目标，以自强和创新为发展的核心理念，以用户需求为根本出发点，以用户需求为企业发展的着力处，用这样不争的方式就能获取长治久安的未来。

"善胜敌者，不争。"企业的经营者理应明白"不与争，尔何以胜我"的真正含义。不争是以退为进，是赢得未来更广阔的市场，是为了更好地去争。这句话初听起来有些矛盾，但事实却告诉我们：我们要争的从来不是竞争对手，而是自己和用户！只有与自己争，才能强大起来；只有与用户争，才能争得市场的潜在需求，让自己的企业在市场中如鱼得水。这种不与竞争对手争的思维方式，可以让我们在竞争之外的战场获得这场战争的主动权。

理性取舍，量力、量时机而行

一分耕耘，一分收获。想得到就要付出，没有舍，永远不会有得。人生总是在选择当中度过，只是有的人选择得当，有的人选择失当而已。

我们共同分享下面这个故事。

有一只狐狸，它无意当中看见围墙里有一株葡萄树，树上结满了诱人的果实，狐狸垂涎欲滴。于是，它想尽办法进去。结果，它终于在一面围墙处发现了一个小小的洞口，它不知道这个洞口是怎样来的，但在试验后它才发现，洞口太小了，它的身体无法进入。

这只狐狸不舍得放弃那诱人的果实，于是，它在围墙外绝食六天，用这种办法让自己的体形瘦下来，绝食终于起到了作用，它顺利地穿过了小洞，并且吃上了葡萄。这时狐狸觉得自己很幸福。可当它享受了几天的美食后，发现自己的体形又再次恢复到绝食前的样子，无法钻到围墙外。狐狸担心园主抓到自己，于是它又绝食六天，再次饿瘦了身体，才从原来的小洞里钻出来。

为了得到美食绝食六天，吃到美食后为了出去一样要绝食六天，总数一样，得到与失去又回到原点。做人也是如此，世间自有公道，即使我们拥有了全世界又如何？人的基本需求也不会改变，不过是衣食住行罢了。

很多人都曾为自己的人生际遇感到愤愤不平，抱怨自己得到的太少。其实，所有的得与失都是相对的，而成年以后的人生道路都是自己选择的。这个世界上是没有后悔药的，因此，当我们做选择的时候就要明确自己想要什么？最终能得到什么？只有理性的取舍，我们的人生才不会被后悔所包围。

其实，人来到世间本来就是探寻生命真意、体现生命价值的。如果能够将得与失放在天平上面，我们会发现，原来两者之间是平衡的。你得到的同时，也在失去，没有人能够成为永不落山的太阳，只是一味地光耀大地，却不曾面对任何阴影。

很多人将得与失的标尺放在物质上面，认为有钱就是得，没钱就是失，这样对待得与失本身就是一种误解。我们的一生并不只是活在物质当中，精神世界也是需要被关注的，财富多不一定快乐，财富少不一定忧伤，就看我们如何去看待，如何去抉择。

得与失之间总是平衡的，失败与成功也是相互依存的共同体，就像我们从来都没有出发一样，走了一圈，终究还是回到了原点。每一种痛苦与快乐，每一样你所得到的和失去的，到了最后，都是平衡的。

先得到的可能先失去，后得到的后失去，没得到的就不会失去。我们之所以会有很重的得失心是因为只看到了事情的一面。比如，有的人将得到金钱视为真正地得到，如果没有得到自己想要的数字，那么，他就会认为这是一种失去。其实，他虽然没有得到金钱，但却在这个过程中得到了另外的东西，比如健康、家庭或奋斗的快乐等。

　　在人的本性当中，就有这样一种劣根性存在：只想得到，不愿舍弃。而这个劣根性的根源就在于人们的贪欲，人们总是不满足，明明一个房间就可以满足自己的住房需求了，但他却偏偏喜欢三室一厅，继而非要独栋别墅，认为房间够大才叫满足。看，这就是人性，除了贪欲外，还有一部分炫耀的心理在作祟。

　　舍与得，无非一种轮回，看破了，也就释然了。

　　一个人的一生总要舍弃一些东西，即便这些东西并不是你想舍弃的，也会由于环境等因素让你不得不舍弃。面对命运的走势，与其让自己变得被动，不如主动舍弃，至少能将命运握在自己的手中，这样的选择也是一种无形当中的得到。

　　　　在诸多历史典故当中，卧薪尝胆可谓家喻户晓。越王勾践曾为一国之君，地位尊贵，但在与吴国的战争中，他却战败被俘。但他却没有抱怨命运的不济，没有像很多亡国君主那样殉国，而是舍弃尊贵的身份甚至是尊严，忍辱负重服侍了吴王三年，归国后卧薪尝胆，终于一雪前耻，重建尊严。

　　这种舍弃就是为最终的得到而做的准备，没有主动的舍弃，就没有后来的得到，勾践如此，很多历史名人也是如此。

　　人都是自私的，小的自私并不影响人们的正常生活，但大的自私却可以毁掉人的一切。如果每个人都只看到了自己的利益，那么，人与人之间的关系真会如冰块一般，无论多么温暖的阳光，都只能融化表面，而无法深入内心。

　　舍弃自私，人才能变得大度友善。

　　舍与得的选择从来都只在我们的手中。

　　中国有句话叫"得之我幸，失之我命"。这句话并不是让人们认

47

命，不思进取，而是告诉我们人生本就是有舍有得，不要太过执着某样东西，也不要为了那些原本就不属于我们的东西而傻傻地选择牺牲。这就是理性的取舍，是量力而行的选择。

舍与得除了需要心境外，还需要时机。比如，有的企业选择改变发展方向，这就是舍与得的选择，但这个选择关系着企业最终的成败，不应是盲目的。因此，发现和把握时机很重要，在适当的时机走适当的路，只有这样的取舍才能获得最好的结果。

人永远不要去想着计算天，有时，人们舍弃是一种痛苦，一种损失，但却不知何时会因这种舍弃而得到好处。我们能做的就是面对。

每个人的心中都要有一杆天平，在舍与得之间不断做出属于自己的选择，让两者找到一个合适的平衡点。舍与得之间从来都是互动的，没有舍就不会得，放得下才能走得远！什么也不愿放弃的人，也许正是因为他什么也不曾真正地得到。

贵在中和，不争之争

一个人的一生会有几个转折点，这些转折点往往会让我们的价值观等发生转变，这个过程就是重新塑造自我的过程。中庸之道一直被中国人所推崇，但很多人身上恰恰缺少这种中庸之道。正是因为缺少，所以中和、不争之争的理念一直不被人们看好，他们认为中和就意味着软弱。"贵在中和，不争之争。"走到今天的我们总是喜欢用争的方式去获得自己想要的东西，从手段上来讲，争既不高明也难以摆上台面，反而稍有差池，就会令自己陷入尴尬境地。中和及不争之道则不会出现这样的问题。

在中国的历史当中，春秋时期出现了很多流传至今的人物，齐国的管仲和鲍叔牙就是其中的一对。他们的故事之所以流传下来，是因为他们用不争的方式让两个人都得到了世人的赞美。他们两个人是很好的朋友。年轻的时候，管仲家很穷，又要奉养母亲，鲍叔牙知道了，就找管仲一起做生意。当时，本钱几乎都是鲍叔牙出的，但当两个人的生意有分红后，管仲却拿得比鲍叔牙还多。这样的做法让鲍叔牙的仆人感到不满，但鲍叔牙却不以为意，他对仆人说："管仲家里穷，又要奉养母亲，多拿一点没有关系。"

之后，两个人都学有所成。当时，鲍叔牙辅佐的公子小白成为齐国国君，而管仲成为了小白的政敌，因与管仲长期在一起，鲍叔牙深知管仲的才能，于是对国君小白说："管仲各方面都比我强，应该请他来当宰相。"但齐国的国君小白并不情愿，他记得在自己没有成为国君之时，管仲对自己所做的一切，并认为管仲是自己的敌人，鲍叔牙也明白小白的心思，但还是力劝小白任管仲为相。小白最终采纳了鲍叔牙的建议，而管仲也的确帮小白成就了霸业。两个人的故事流传开来，天下的人无不赞美管仲的才干和鲍叔牙的气度。

多数人做事情都以结果为导向，虽然这样的说法有些残酷，有些令人难以接受，但却是事实，争也需要结果，任何形式的争都不是为了一时之利和一己之利，争时要放眼长远，顾全大局。

每个人的心中都有利己的思想，这是一个人成长的必然，没有一个人可以无私到忘记自我的存在，但自私也要有一个限度，至少不能损害他人和大局利益。"皮之不存，毛将焉附""唇亡齿寒"这样的道理，我们听了无数遍，多数人听过后就忘记了，直到因为自己的争和自私而造成无法挽回的局面时，才后悔不已。为一己之利而明争暗斗，费尽心机，其结果未必是自己欢喜他人愁，也有可能机关算尽，让自己和他人的利益都荡然无存——两败俱伤。

商人通常以逐利为最终目的，但真正有大志向和大格局的商人会明白只有先利益他人，才能分享利益。一个唯利是图、没有心胸和肚量的人，才会时时处处都争，争的结果是小处赢而大处输，短期胜而长远败！这样的争只是意气之争，其结果就是葬送自己的事业，葬送自己辛苦经营得到的成果。

"尺有所短，寸有所长"，每个人都有自己的位置，如果我们去争一个不属于自己的位置，也许，我们真的能成功，但却很难坐稳，因为，那个位置需要的能力我们并没有，强求的结果是不会快乐的。因此，鲍叔牙深知管仲的才华胜于己，主动向国君推荐，这不仅是有心胸、有气度，更是有自知之明。

与鲍叔牙的不争之争形成鲜明对比的，是嫉贤妒能的庞涓。庞涓与孙武的故事，我们听过了很多遍，但很多人都将目光放在了庞涓的嫉妒方面，殊不知，庞涓的嫉妒来源于"争"这个字，而他争的并非利而是名，结果终究是兵败自刎而死。

无欲则无求，平凡的我们无法做到这一点，也不需要做到这一点。一个人要想活得开心，最重要的一点就是不要要求自己成为圣人。欲望也有两面性，合理的欲望能推动我们及社会的进步，但如果这种欲望没有止境，犹如一匹脱缰的野马，那么，这样的欲望带给我们的永远只是疯狂竞争带来的悲剧。曾国藩曾说过："己欲立而立人，己欲达而达人。"这样的一种心胸、一种不争的态度才能真正体现出一个人的思想境界。

竞争有良性和恶性之分，这就像我们所说的小人与君子一样，小人之争不择手段，而君子之争则有规则、有底线。在商业竞争中，只有君子之争才能真正促进市场的健康良性发展。

不争之争是让我们主动当个君子，不要为了一己私利而不择手段。

不争之争是让人们明白地找到自己的位置，明确自身的价值，不断自我进步，提高为他人谋福利的能力。

一个人只有充分了解了自己，才能进退有据，懂得取舍，而不是任意妄为，伤人伤己。

人的一生贵在中和，不争之争是一种智慧，只有以这样的智慧去为人处世，才能达到"莫能与之争"的境界。

战而屈人之兵绝不是成功的唯一途径

在中国的兵法当中，战争两个字连在一起就意味着灾难。战而屈人之兵被认为是一种成功，一将功成万骨枯，虽然功成名就，但是这样的成功却付出了惨重的代价。

商业竞争虽然被认为是没有硝烟的战场，但毕竟它不是真正的战场。商业之间的竞争是为了促进彼此更好地生存与发展，而不是置对方于死地，这就是商业竞争与血腥战争的区别。如果我们将战争的法则全套运用到商业竞争当中，那么，我们在打倒对手的同时，自身也必将伤痕累累，甚至很可能彻底毁掉一个原本欣欣向荣的市场。

战而屈人之兵本身就是一种相对低级的竞争法则，战就意味着争，与他人争的同时，也会消耗自己，只是很多企业都忽视了这一点。

在很多企业的企业文化当中，就存在着这种"争"的思想，这些思想通过企业文化传递给每一位员工，让员工在企业文化的影响下也变得好战斗狠。比如，有这样一家企业，他们将"每个人都是商战中的勇士"作为激励员工的口号，每次开会都要提一下这个口号。时间久了，员工就真的将商场当成了战场。一些自以为努力的员工总是盯着同行，将同行的每一次举动都如实地汇报，结果自家企业成了邯郸学步之人，总是跟着别人的脚步在前进，却忘记了自己应走的路。

不得不说，这是企业发展的悲哀。争，让企业在市场当中只有敌人没有朋友，这样的状态其实是将企业推向一个危险的山崖。在商场中，要学会欣赏你的竞争对手，而不是局限于"朋友"或"敌人"的选择当中。

企业的成功之路并不是一将功成万骨枯的改朝换代，而是一个自我强大的过程。在这个过程当中，如果用屈人之兵的方式来获取最终的胜利，只会在伤害同行的同时，也伤害了自己。

任何一场战争，无论采取什么样的战术，己方都会有损失，只是有的损失较小，而有的则损失较大，这就是两者的区别。在商场当中，我们不可能不费丝毫的精力就在市场当中站稳脚跟，有些代价是一定要付的，这就是我们所说的要想得到就必须先付出的道理。

市场是企业一切行为的根源，这些根源既来源于市场，也有一部分发自于经营者的内心。如果在经营者的心中，认为同行都是对手，只有战而屈人之兵才是成功的唯一途径，那么，他就会为了成功而选择与同行进行无数次的短兵相接，通过争的方式来达到自己成功的目的。

一个人没有朋友，会感到孤单，感到无助，一个企业也是如此。

在这个世界当中，任何一家企业都不是独立存在的，同行的广泛存在只是一种客观的背景。决定一个企业是否能够生存和发展的要素不是同行，而是自己，因此，与同行的较量争斗是一种没有赢家的消耗。

不战而屈人之兵方是企业发展的上策。这个策略一方面不消耗自身的实力，另一方面会起到促进自我发展的作用，在商场当中，这样的策略才是竞争的关键因素。

任何企业的成功都不是依靠争得来的，战而屈人之兵从来都是伤人伤己的，市场是足够大的，只要我们企业自身的实力不断地增长，就可以不用太在意竞争对手。这个世界没有一家企业是可以独享市场的，与其想尽办法打败竞争对手，不如时刻强大自己。

企业的经营者应收回自己的目光，苦练内功，要明白市场从来不是从他人手里抢过来的道理，而是建立在消费者需要和感激的心中。战而屈人之兵，只会带来仇恨，而仇恨会让一个人、一家企业变得扭曲，这与和谐的发展步调是不相一致的。众所周知，适时才能生存。因此，为了企业更好地发展，从自身做起，不断地变大、变强，只有明白这一点，企业才能健康稳定地发展下去。

领导——不与员工争利

企业的发展是离不开员工的，但有些企业领导却将员工的地位看成可有可无，总认为员工与企业的关系很简单，只是一方花钱、一方干活的关系。而员工方总是被认为是需求的一方。其实，这样的观点早已落伍了。由于经营者对员工并不十分重视，因此，员工跳槽等事件时有发生，真的形成了铁打的营盘流水兵的局面。

企业经营者与员工之间的关系很复杂，一方面企业经营者认为自己创造企业就是为了获取更大的利润，因此，与员工争利的事情时有发生；另一方面员工则认为，自己辛辛苦苦打拼多年，结果却是为他人做嫁衣的宿命。这样的矛盾越积越深，于是越来越多的人开始倾向于自己创业，认为只有自己创业，利润才是自己的。然而，事实是不是这样的呢？只有创业过的人，才能真正体会到创业的艰辛。

员工与企业之间之所以产生这样的矛盾，一方面是由领导总是与员工争利引起的，另一方面是双方沟通不畅引起的。

与员工争利是很多企业无法走出国内市场的根本因素之一。

利益冲突成为员工与经营者之间不可调和的矛盾，经营者不愿意多分钱，员工却想多要钱，这就是矛盾的根源。员工认为自己创造效益高，而得到的回报却少得可怜。但经营者却不这样认为，在经营者的眼中，员工创造效益少，但就是这样竟然还要求回报高，这是不合理的。更可怕的是，有一些经营者有一种守财奴的思想，明明企业的收入很高，但只要看到员工收入高了，内心就感到不舒服。他不明白这点：优秀员工永远不是在赚你的钱，而是在帮你赚钱。

经营者必须要明白一点——与员工争利是徒劳无益的。比如，有的企业因经济效益不好，就会用减少员工工资或者克扣福利等方式来节约成本，这样的方式虽然有一定的短期效果，但其副作用更大。明白真相的员工的逆反心理会引发连锁反应，让原本陷入泥潭的企业越陷越深。

如果双方的需求始终不能达成一致，自然矛盾也就无法解决。当矛盾积累到一定程度的时候，就会在某一时刻爆发出来，最终分道扬镳，两败俱伤。

既然，财富才是矛盾的根源，那么，如何才能有效地制定财富分配的规则呢？

这就要求企业的经营者一方面要制定有效的分配制度，另一方面也要提高自己的个人胸怀与眼界，懂得财散人聚、回报社会的道理，愿意为那些有贡献的员工提供高的回报。

其实，越是在艰难的时候，经营者和员工就越需要团结。企业遇到困难，原因是多方面的，经营者不能将所有的责任推到员工身上。须知，无论是哪一方的责任，事实已经如此了，追究责任是以后的事情，当前最要紧的是如何让企业走出困境，重建信心。关键时刻分清主次，才能在困难时共渡难关；否则，企业就会出现内耗，经营者认为员工无能，而员工也会因压力大而变得情绪不稳，指责经营者经营不善。这样的指责其实毫无意义，只会将双方推向对立面。一个不愿意多付钱，一个不愿意多做事，其结果就是让企业的问题积压得越来越多，从而有可能导致企业倒闭，员工失业，双方都付出惨痛代价。

对于企业的经营者而言，他只是一个普通的人，只要是人就会有失误，因此，经营者在开办企业的时候，首先要有思想准备。虽然，每个人都想成为最终的赢家，但很多因素会影响到我们最初的预期。

作为经营者，要赚得起，也要赔得起，切不可赚了钱就是自己的，而赔了钱就想着在员工身上找回。这样的做法是任何人都无法忍受的，现在的社会早已不是封建社会，人们也不会再有逆来顺受的思想。经营者要明白，老员工之所以选择就业就是因为他们害怕承担风险。

因此，企业越是有困难的时候，经营者就越要懂得学会善用逆向思维，切不可因企业的一时困难而去亏待员工，这样的做法不但救不回企业，反而会让企业进一步加重。

如果一个经营者总是与员工争利，在赚钱的时候，不舍得多发一分奖金，不赚钱的时候却希望在员工身上节约成本，这样只顾自己而不顾员工利益的经营者是没有办法感化员工的。中国有句话叫"瘦死的骆驼比马大"，无论怎样，企业经营者的困难都不会比员工更加严重。因此，与员工争利的行为本身既显得没有气度，同时也伤了员工的心，这样的做法不但对救企业于事无补，反而会让企业雪上加霜。因此，经营者千万不能跟员工争利益，企业越是困难，越需要保护好自己的员工，有了员工的支持，企业才能走出困境，人的力量有时候比想象当中的要强大得多。

员工也是有感情的。当企业困难的时候，他们看到经营者并没有亏待自己，会更加感动，会与经营者一起想办法，帮助企业走出困境。因为人心都是善良的，患难才能见真情。

我们可以试想一下，如果经营者处处跟员工斤斤计较，员工的内心自然也会愤愤不平，不用采取任何过激的报复行为，只要消极怠工，企业倒闭的速度就会加剧。虽然员工也不想两败俱伤，但比起只让自己受伤而言，很多员工都情愿做这种损人不利己的事情。

企业的发展离不开一个有魅力的经营者，经营者的魅力并不是说出来的，而是做出来的，尤其是在企业困难的时候，企业的经营者仍旧能够坚强地面对困难，仍旧对员工关心体贴，这样的经营者不用多说任何话，就是员工眼中有情意的老板。经营者的这种表现会让员工坚信：企业的困难是暂时的，我们一定会渡过难关的。有了这个信念，一切问题都会迎刃而解。

在现实的世界当中，有的经营者在企业陷入困境的时候，甚至把自己的车子、房子抵押给银行，从而维护企业的信誉，发放员工工资。这不但是一种精神，更是一种力量，在这种力量的推动下，员工会将企业视为自己的家，会用实际行动去解决这个家所遇到的问题。当员工与企业的发展紧紧联系在一起的时候，企业的任何困难都将在这种力量面前变得微不足道。

患难见真情，在患难当中坚持为员工着想的经营者必然会得到员工的拥戴，而这样的企业也会因人性化的表现而变得更大、更强。好的经营者明白不与员工争利的重要性，他们会将员工视为家人，与员工一起努力去创造企业的未来。他们明白，只有员工富有，自己才会更富有，这本身就是一个良性的循环。

上级——不与下属争权

在人们所争的利当中，权力就是其中的一项。通过影视剧，我们看到很多为了权力而不惜牺牲一切的人，这是人的一种贪欲，人们通过这种欲望的满足，获得他人的肯定。

对于拥有权力者，人们往往是羡慕嫉妒恨的，谁也不愿意永远当一个士兵，只听命令而无法表达自己的意见。

在企业当中，同样也有着关于权力的斗争。一些经营者舍不得放权，他们喜欢那种高高在上的控制感，殊不知，权力过于集中是企业走向衰落的开始。

每个人都有自己的位置，经营者需要做的是掌控全局，不可能每件事情都亲力亲为。因此，学会放权给下属是提高工作效率的关键。

对下属而言，经营者的放权不仅是简单的工作需要，也是一种无声的信任。每个人心中都渴望得到别人的信任，因此，放权给下属还可以获得提高工作积极性这一意外收获。

经营者要善于授权下属，激发下属的工作激情，发挥下属的才智，用集体的力量来发展企业。同时，这样的做法，还可以让自己的下属在工作当中得到更好的锻炼，让他们明白各司其职的重要性，而不是各吹各的号，各唱各的调。

忙碌是每一位企业经营者工作状态的真实缩影。在忙碌的背后，是整个企业发展的复杂问题，解决这个问题需要投入巨大的时间和精力。这对不懂得放权的经营者而言，无疑是巨大的考验。许多经营者不放心自己的下属，认为下属可能无法理解自己的想法，有了这个先入为主的概念，经营者就会事必躬亲，或者严格交代下属按照自己的思维方式去完成工作，这实在不是个好习惯，也是不懂放权的一种表现。

对经营者而言，放权必然意味着自己直接掌握的权力的减少，意味着自己将由绝对的主角变成某些场合的配角，更让某些经营者感到不悦的是，这个抢了自己风光的竟是自己的下属。因此，放权对于上级来说本身就是一种心理训练。

对下属实行权力下放现在已经演变成一种管理哲学，叫做赋权管理，这是企业管理层级结构日益扁平化的结果。这种赋权管理不但消除了对下属的约束，让他们有了更自由的工作方式，而且也让他们有了责任感，这份责任感对企业的发展将起到不可估量的促进作用。

在现实职场当中，经营者放权给下属，让下属自己做出某些决定，让他们承受一定的责任。当然，经营者要为权力划出范围，没有范围的权力将失去应有的约束力，而没有约束力的权力不是一种效率，而是一种灾难。

因此，放权也要适当，这也是不与下属争权的一种安全做法。比如，只允许他们做出一些在其责任范围内的决定，而不能做出那些影响其他部门的决定。这些安排一方面给了下属决定的自由，另一方面又防止权力过大，对企业造成危害。

不与下属争权是对经营者经营自信的一种考验，也是对公司整个制度的考验，只有公司制度完善，经营者的权力下放才能提高工作效率，让整个企业的员工都成为企业的智囊，成为企业的主人，而不是被动的执行者。

经营之神松下幸之助曾说："最成功的统御管理是让人乐于拼命而无怨无悔，实现这一切靠的就是信任。"一个人对另一个人的信任的力量是无法预测的，权力下放本身就是一种无比的信任，也是让企业经营者从亲力亲为当中解脱出来、实现双赢的管理方式。

工作中，经营者的角色不应是教师的角色，而是起到方向性作用，只要大的方向没有问题，经营者就不必太过紧张。每个人都是在错误中成长的，放权给下属，就是允许他们犯错，而下属也会从错误中找到经验，从而让自己在这个位置变得更加从容。对下属来说，在信任中授权是极富吸引力的事，它极大地满足了员工内心的成功欲望，提高了工作积极性。

平级——不与同级争功

人们总有这样的心态：不敢去惹太过强势的人，因为他们的存在只是用来仰视的；不想惹太过柔弱的人，因为恃强凌弱是违背道德的。因此，同级便成为了最适合下手的对手，争功的现象在同级中屡见不鲜。有的人为了所谓的功劳，一切的同事情谊都可抛弃。

一个优秀的人不但在工作上有突出的表现，在与同事相处的时候，也会有过人之处。他总是能够与同事和谐相处，不争功，不争名，不去斤斤计较个人得失和争功诿过，在整个合作的过程中，能谅人之短，补人之过，助人为乐，见功就让，这种谦让与君子的态度是事业的发展和目标达成的前提。须知，任何一件工作都需要依靠团队的智慧、力量和努力，如果整个团队因功名而变得不团结，那么从此以后，功名这个词就将与这个团队绝缘。只有对集体取得的业绩看得比个人的荣誉和地位更重要的人，才能够克服和战胜"红眼病"和嫉妒心。

在古代曾有一个人，他与朋友的相处并不和谐，原因是每次与朋友合作，他都要将功劳抢过来，如果有过，则都是朋友背，这样的处世让朋友感到很厌烦。

有一次，他的旁边新搬过来一个邻居。他与邻居一同做生意，两个人倒卖丝绸，邻居是个丝绸的行家，因此，两个人的生意颇为顺利。

这次也不例外，他告诉其他人，他们的生意之所以这样好，完全是自己的功劳。邻居虽然不介意将功劳让给他，但却不喜欢他张扬的性格，于是跟他分道扬镳。这个人并没有太在意，反而是乐在心中。在他看来，没有邻居自己也完全可以做生意。结果，他因眼光不准，赔得一塌糊涂。这时，朋友讽刺道："你不是无所不能吗？怎么离开了邻居就变得一无是处了。"

这个人听后很生气，但也察觉到了自己的问题并用心改正。后来，邻居见他有悔过表现，就再次与他合作，两个人的生意也随着彼此的信任而越做越大。

任何一种合作都需要互相配合的精神，而个人主义是扼杀这种精神的根源，只要有个人主义存在，合作就变得困难起来，而成功也就遥遥无期了。

很多人还记得"五官争功"这个相声，它以人的五官作为切入点，精彩清晰地表现出了那种见利不让、寸功必争的心态，而最后的结尾"你们几位全走了，我脑袋成鸭蛋啦"，更是寓意深长，表明个人与集体的利害关系。这个相声在让我们大笑的同时，也讽刺了我们生活当中的一种争功现象。

我们生活的世界不是一个人的世界，做好、做成一件事情一定要共同合作，而合作需要默契，争功的人是不会懂得默契的真正含义的。而"与同级争功"最明显的表现就是在需要推动一件事情、需要大家协同作战的时候，同事之间阴阳怪气，拒不配合，导致组织与组织之间、部门与部门之间相互不买账。这种现象的背后其实是个人内心深处的"嫉妒的天性"在作怪，因为不希望他人更好，所以拒绝配合。

嫉妒本是人类天生的弱点，只是有的人能够克制得很好，明白什么叫做大局，能够非常平心静气地面对功名之类的东西，而要做到这一点，就需要进行自我修炼，让自己学会为人处世，学会如何去正确地看待功与过的问题。

争功的过程不仅是一个抢压的过程，更是一个人没有修养的自我体现。中国有句话叫"君子不压人之美"。如果每个人都能够以君子的标准要求自己，同级间的相处就会变得和谐，就会减少很多不必要的摩擦，人与人之间的合作也会更加默契。

下属——不与上司争名

在世人的眼中，人生不过"名利"二字。从这种世俗的想法中，我们可以读出一个人的欲望。人的生命很短，不过几十年，在这几十年当中，很多人都被名与利紧紧缠绕，虽然明知这两种东西都是有保质期的，但人们还是乐此不疲地追寻。

据说大清乾隆皇帝下江南时，来到江苏镇江的金山寺，看到山脚下大江东去、百舸争流，不禁兴致大发。他问当时的高僧法磬："你在这里住了几十年，长江中船只来来往往，这么繁华，一天到底要过多少条船啊？"法磬回答："只有两条船。"

乾隆问："怎么会只有两条船呢？"法磬说："我只看到两条船。一条为名，一条为利，整个长江中来往的无非就是这两条船。"

真是一语道破天机。

司马迁在《史记》中说过："天下熙熙皆为利来，天下攘攘皆为利往。"除了利，世人的心中最看重的就是名了。多少人一世辛苦奔波就是为了名和利，在很多人的眼中，这两个字就是人生的一切。

但是一个人如果欲望太多，完全被名利绑架，生命就要承受更多的重量，这样的人生又何谈快乐？因此，在人生的旅途，我们需要追求一种淡泊宽阔的心胸，尤其是年轻人，不要急着争名夺利和贪图享受。唯有自强不息，坦然面对生活的赐予，包括所有的磨难和不公，用平和淡定的心态去看待社会现实中的一切，才能不断进步。

作为下属，要脚踏实地，更要耐得住寂寞。古人说过："不汲汲于富贵，不戚戚于贫贱。"在对待名誉、地位的问题上，一定要想得透一些，看得淡一些，并不是所有的付出都有回报，如果一个人做每件事情都带有很强的目的性，事情往往会向相反的方向发展。

身在职场的人要懂得这个世界并不是你自己的专有，要懂得付出，还要懂得等待。如果不能看透名利的本质，就很难与自己的上司处好关系，而关系是职场当中最重要的一环。其实，名利本身并没有错，错在人为名利而起纷争，错在人为名利而忘却生命的真谛。一个人只有摆正自己的位置，不左攀右比，不斤斤计较，才能在职场中有所作为。

不得不承认，名对每个人都有一定的诱惑力，与上司争名的事情也时有发生，这样的事件之所以会发生是因为这个人觉得生命对自己不公平，凭什么明明是自己的努力与成绩，却要成就他人的名声。正是这种不公平，让一个下属对上司提出了挑战。

小林很兴奋，因为，他遇到了今年以来最大的客户。对于这个客户，小林很有耐心也很有信心。整整一个星期，他都忙着和客户沟通，终于，客户认可了他的提议。于是他按流程将策划书交给了顶头上司。小林以为自己很幸运，但在几天之后的公司例会上，总经理只对小林的上司提出了表扬，而表扬的原因是他为公司找到一个大客户，并且做出了完美的策划书。这让小林很不解，因为他知道这个客户是自己的，而站在台上的上司说得精彩万分，却没有提及小林。

这就是很典型的争名的表现，面对这样的情况，可能很多人都无法心平气和，但我们相信，这个上司一定会用其他的方式进行补偿。

淡泊名利是一种境界，追逐名利是一种贪欲。人生有限，而名利是无止境的，只有适可而止，才能知足常乐。

中国有句古话，叫"上不与下争利，下不与上争名"，虽然上司不劳而获，但实际上这是一个应该以平常心对待的双赢的局面。

一个人的一生不可能只有一次机会，是金子总有发光的一天，但如果这个金子总是想着与上司争名，那么，上司就会变成尘土，将金子彻底地掩盖住。

风度也是竞争力

在企业当中，经营者的个人修养与人生追求往往决定着这个企业的发展走向。经营者的风度是其个人魅力的一种外在表现，对公众讲话时的气势、语气、姿势等都可以从一个侧面反映出经营者的个人魅力。

德国戏剧家莱辛曾说："风度是美的特殊再现形式。"无论是男士说话时稳重平和的气质，还是女子说话时温柔轻巧的魅力；不论是外交官的谈吐不凡，还是政治家的独到言论，都会在不知不觉间让人产生欣赏敬佩之情。事实证明，一个人的职场风度也是一种竞争力。

在我国五千年的悠久文化历史中，风度一直影响着人们的生活，说话有涵养之人被称为谦谦君子。我国古代伟大的思想家孔子也曾说过："文质彬彬，然后君子。"由此可见，风度是外在语言和内在修养相结合的产物，假如一个人没有高尚的道德情操，没有丰富的文化修养，其说话必然粗俗鄙陋，让听者感到无比厌烦。

性格作为每个人的标志，不同性格的人，风度表现也不一样，带给人们的感受也完全不同。一个性格温柔宽容的人，他的说话方式会带来犹如春风拂面般温文尔雅的感觉；一个性格耿直的人的语言风格则是开门见山，直奔主题。在不同的语言环境下，讲话也应该有不同的侧重点。比如，在家里时，经营者面对的是自己的家人，这时的他是家里的一员，其说话风格应是温暖平和的；在面对工作时，讲话的风格应是严肃认真的。

任何不合时宜的所谓风度都是东施效颦，这样一味追求风度的结果是毫无风度可言的。

　　相传在两千年前，燕国寿陵地方有一位少年，这个少年什么都好，就是缺乏自信心，什么都是别人的好，见什么学什么。即使这样，他始终没办法做好一件事。在他的意识里，他根本不知道自己想要成为什么样的人。

　　有一次，他在路上听说邯郸人走路姿势很美。于是，他瞒着家人，跑到遥远的邯郸学走路去了。

　　到了邯郸，他感到很新鲜。看到小孩走路，他觉得活泼优美，于是便学孩子走路；看见老人走路，他觉得稳重，也学；看到妇女走路，摇摆多姿，还是学。就这样，仅过了半个月的时间，他便连走路也不会了，只好爬着回去。这就是历史上有名的邯郸学步的故事。

　　这个故事告诉我们：别人的优点我们可以学，但不能失去自我，要有自己的个性和风格。只有这样，才能将风度表现出来。

　　作为经营者，人际关系网十分复杂。这时，风度对经营者而言又有了新的含义，它成为经营者内在涵养的一种表现。这就要求经营者在面对复杂的人际关系时，要表现得不卑不亢、从容大度，让身边的人都产生信服的心理。

　　在工作中，我们待人接物态度的好坏往往决定了事情的成败。当我们的内心愿意为了这个目标而不断努力时，那么，任何困难我们都会想尽办法去克服，并在达成目标的过程中享受解决问题带来的快乐；当我们不愿意做某件事情的时候，一点困难就可以让事情停滞不前，而这一切都是态度所产生的结果。

　　职场沟通也有很大的学问，同样的话，这个人说，我们就能接受，换个人来说，我们不但不接受，还会产生反感情绪。

两个人的区别在哪里呢？这实际上涉及一个人说话的态度问题，而说话态度又是说话人风度的最直接体现。

在生活工作中，我们每说一句话，都有自己的目的，或陈述一件事，或表达自己的观点，那么我们如何说才能让听者明白了解并信服执行呢？这就到了考验个人讲话魅力的时候了。优秀的经营者应该用自信的态度、从容的举止、适合的语言来表达自己，让自己的风度在不知不觉中得到大家的信服。一个成熟的企业经营者的个人魅力一定会让与之接触的人产生更多的信任感，无形当中，通过自我风度提升企业的竞争力。

得人心者得天下

《孙子兵法》中有云："攻心为上，攻城为下。心战为上，兵战为下。"这句话流传了千年，也被无数事例所证明，人心才是一切成败的最终归属。这一法则在 21 世纪的商界也同样适用。一家企业要想在激烈的市场竞争中永远立于不败之地，做强做大，就必须用实力与社会责任赢得人心。

在这个世界上，最珍贵的东西常常都在我们身边，我们一直拥有，却往往心安理得，不懂珍惜，比如空气、自由、我们父母的爱、善良美好的品德等。对于任何一个人来说，不论我们做什么工作，不论我们得到多少物质财富，只有健康、家庭、朋友、灵魂我们都拥有并且珍惜时，才能收获真正的幸福。从这个意义上来说，一个人其实是通过一份正义、专业、有价值及最好能让心中的爱成长的工作，来实现完美人生的。

中国有句古话叫"将心比心"，如果你想获得别人的心，首先要付出自己的心，只有这样，彼此的心才能走在一起，才能为同一个目标而共同努力。尤其是企业的经营者更要懂得如何去获得员工的心，"感人心者，莫过于情"，真心相待是对员工最好的激励！

激励员工的方法有很多，在现实生活中，我们可以根据企业的实际情况采取不同的感召方法。比如，当企业面对强大的竞争时，我们可以采取压力激励法。为调动优秀员工的积极性，不妨给予他们充分的信任，用各种成功的榜样激起其进取奋斗的决心。方法有很多，就看企业的经营者如何运用。不同的方法用到不同的人身上，会有不同的效果。因此，经营者随时随地了解自己的员工是重中之重，同时，这也是调动员工积极性的前提。

在现实中，经营者除在生活当中关心员工外，还要学会用言语来打动员工的心。如果企业的经营者无法引领员工完成企业发展目标，无疑是失败的。

企业经营者要善于鼓舞员工士气，让他们相信，只要大家努力，企业就一定会有更好的发展！组织召开团队大会是企业经营者常用的鼓舞士气的途径，拥有好口才的经营者会在大会上说一些充满激情的话，他的话能够对员工起到振奋精神、坚定必胜信心的作用。

经营者不论在台上还是台下，所有的努力都是为了让员工更好地成长与完成工作任务。而在实践过程中，要将所有的纸上的东西变成员工自觉的行动，这种转变在企业管理中是最困难的。没有员工的积极投入，任何目标都将变成空谈，而员工的行动要靠经营者去宣传发动。

经营者讲话需要注意的方面有很多，但无论如何，都要付诸激情，在平静的话语中让员工感受力量，这就要求经营者注重对语言的修炼，充分调动起员工的热情，让他们按照讲话的要求去做。

服装市场竞争激烈，很多厂子都在残酷的竞争中退出了时代的潮流，有一个连年亏损的厂子也面临这种危境，在这种情况下，厂长决定召开一次会议，在这次会议上，厂长一改往常中规中矩的作风，他首先向员工道歉，说因为自己的经营不力导致服装厂面临危机。接着，他说起了厂子的发展史，最后含着眼泪向大家鞠躬，感谢员工对服装厂多年来的不离不弃。很多员工在工厂工作多年，对工厂有着深厚的感情。厂长的话让他们想起了曾经共同奋斗的日子，最后，一名老员工站起来，表了态，他说，服装厂虽然面临危机，但比起初创业时各方面条件都要好得多。他相信只要大家共同努力就一定会渡过这个难关。之后的事情，相信很多人都能够猜到，一个拥有旺盛的士气的员工队伍可以挡住任何洪水的冲击。公司的员工按照厂长的交代，积极参与服装设计，同时，运用自己的关系为服装厂找订单。就这样，一个在生死线上挣扎的厂子短短一年时间便扭亏为盈，焕发生机。

从上面的例子我们不难看出，一个好的经营者能够运用内心的真诚和语言的力量，让员工在不知不觉中受到感染。最朴实、最具感情的语言往往能收到意想不到的效果。

得人心者得天下，一个企业的经营者要想得到员工的心，需要做的工作有很多，不但需要实际地关心员工，也需要用言语来凝聚员工的心。只有两方面同时入手才能真正让员工的心与自己的心同步，从而扫清企业发展的最大障碍。

如果把企业经营比喻成一部长篇电视剧的话，那么，企业经营者就是电视剧的主角，员工和他所接触的人就是配角，消费者就是观众。只有主角和配角团结一心，充分互动，才能让整个电视剧深入人心，最终赢得广大观众的心。

如果，各行各业的广大工作者在实践中不仅仅只是盯着一点蝇头小利，而是真正为广大民众提供生活便捷、维护健康、实现美丽的产品和服务，更把一种"践行美好、传播美好"的华夏儿女的人生理念奉献给每一位顾客朋友，那么，以真心换真心，自然会逐步赢得广大消费者的信任与依赖。

第三章　加减乘除

有所不争，有所争

超越自己才是强者之道

人生的旅途本来就是起伏不定的，没有任何一个人的人生是一帆风顺的，每个人的生命都是由欢笑和泪水共同组成的。所有人的人生共同演绎了一部电影，你在其中的角色也许是主角，也许是配角，甚至可能是临时演员，但只要你用心，尽本分，在担负起自己的角色责任的同时，不断内省进步，向困难挑战，超越自己，就是懂得生命真谛的人。

所有看过《汪洋中的一条船》的人都被书中的主角郑丰喜先生的事迹所感染。他是一位不安于现状、能够超越自己、追求更完善人生的人。这样的一个人却曾经因双腿弯曲，不良于行，而成天自怨自艾。面对生活的不如意，他最初的表现与我们平常人没有区别，但他最后却走出了一条不平凡的精彩的路。每个人都有毅力，每个人也都有信心，但是这种毅力和信心能达到什么程度？没有经历过的人是没有发言权的，但郑丰喜先生却以毅力当前锋，终于战胜了自己，战胜了双腿，成为一位超越自己的成功者。

73

当然，他也曾经失败过。

失败并不可耻，可耻的是不再勇敢地站起来，而是一味地逃避，不敢面对现实！

作家杏林子因为从小身体关节的毛病，需要经常躺在床上。这样的状态让她无法做自己想做的事情。她很难过，但她坚信，总有一天，她也能像常人一样，做自己爱做的事，她有了向自己挑战的信心，事情便成功了一半。从那时起，她尝试写作，竟发现从写作中找到了自我，因而重拾向人生挑战的念头！她曾说，真正的残废是心死，而不是外在的残疾！她有了好的开始，便想超越自己，创办了伊甸园，不但向自己挑战，也在关心别人中体现了生命的更大价值。

做人如此，做企业更是如此，如果一家企业不敢面对市场，面对市场的适者生存，那么，这个企业就无法真正地成长起来。只有勇于超越自己，才能真正走上强者之路。

企业在发展的过程中会遇到各种各样的事情，就像人生一样，不是每一步路都走在平坦的大道上，也不是任何时候都能够避开前面的障碍。当我们跌倒的时候，如果只是自怨自艾，或者只希望别人帮助自己，认为只有这样自己才能从泥淖中爬起来，这样的我们是没有勇气面对这个世界的。任何人、任何企业都要做好在跌倒时自己爬起来的准备，因为，这是挑战自我，自己救自己的第一步！没有迈出这一步，暂时所取得的所有成就都会在跌倒的时候失去。

一个人、一家企业只有在困难面前愈挫愈勇，才能不断超越自己，才能成为真正的强者，才能在面对风浪时稳如磐石，成就辉煌。

有些人生活在这世界上，连生存的目的是什么都感到迷惑，他们找不到生存的意义。其实，上天给我们每个人的生命都是有特定含义的。即便是小人物，也有小人物的作用。我们常常问一些人，最近过得怎样？这样的问法并不独特，独特的是回答，几乎千篇一律："没有，混口饭吃。""还是小职员一个。"这样的回答并没有任何不妥，只是太过安于现状，缺少了自我挑战、自我突破的想法，而人类之所以进步就是因为人们总是想超越自我。

一个人如果没有想要挑战自我的思想，那么即使再过十年他也仍旧会原地踏步，而在时代发展的今天，原地踏步就是退步。做人如此，做企业更是如此。假如一家企业总是安于现状，那么，在不久之后，它就会被市场所淘汰。向自我挑战，即超越现在的我，迈向一个新的我，不是停留不进，也不是安于现状。

企业的经营者要有自我挑战的精神，将超越自我当成一种精神和信念，且用它去斩除旅程中的荆棘，就像不倒翁一样，屡败屡战，只有这样的精神才能创造更多的辉煌。人生的旅程有无数的挫折，对于真正的勇者来说，挫折只是生命旅程中小小的插曲。

无论是做人还是经营企业，都要有向着胜利前进的精神，"超越自我"不能是一句口号，而是要将它运用到前行的旅程当中。任何一个人、一家企业的发展都不会毫无挫折。轻易被挫折击倒的人如果不再重新振作，便无法实现自我。

企业的经营者更应磨炼自己的心智，让个人和企业都具有超越自我的精神，并笑着面对在超越自我过程中的各种挫折，从而让个人和企业都能用这种精神发展下去。

商业成功是让世界更好而非让对手更差

美好的世界是怎样的？

一千个人有一千种看法，从企业经营者的角度来讲，就是自己的产品拥有广阔的市场，从此可以不用再为产品的销售发愁。当然，这是很多经营者的美好愿望，虽然现实远比愿望要残酷。

竞争的目的是让世界变得更好，商业成功自然也是为了这个目的，至少从其本质上来讲是这样的。只是有一些经营者对商业成功的理解流于表面，在他们看来，真正的成功就是独霸市场，尽可能地打击对手，从而让自己可以在商场中高枕无忧。这样的想法是幼稚的，因为对手是永远无法消灭的，任何企业以打倒对手为目的最终伤害的还是自己的竞争力。

曾听过这样一个故事，有一个人幸运的遇到了天使，天使认为，两个人十分有缘，在交谈当中，天使觉得这个人其他方面都很优秀，就是性格方面有些自私，这个认知让天使觉得自己有必要帮其纠正，于是他向这个人表明了身份，对他说："我可以满足你三个愿望，但你的邻居将会获得你愿望的双倍。"这个人初听后，感到很兴奋，他觉得人生最缺的还是权力、金钱以及一个善解人意的妻子，他刚想开口，但忽然想到，自己如果要这些，邻居就会得到双倍，于是他犹豫了，自私的心理又开始进行盘算。最后，他决定绝不能让邻居白白占了便宜。于是他对天使说："第一，我要瞎一只眼睛；第二，我要让你拿走一半的智慧；第三，我要你拿走我一半的财产。"天使听后，叹了口气，"我答应给你三个愿望就是让你改变自私的个性，没想到最后你还是选择了损人不利己，就当我从没答应过你，你好自为之吧。"说完，天使便遗憾地走了。

现实世界当中有很多这样的人，他们的想法很奇怪，并不是让自己更好，而是让别人变得更差，就像被他们改编的歌一样，"只要你过得比我好，我就受不了"。这样的人是自私的，他不希望自己变得更好，只是希望所有的人都比自己过得差，阴暗的心理让他们的思想变得像老鼠一样，无法光明正大地见人，只能躲在阴暗当中，用一种类似于阿Q的精神安慰着自己。

做人如此，做企业也是同样的道理，有些企业经营者总是将目光看向同行，用各种方式阻碍同行进行创新发展。虽然这样的想法并不实际，但他们还是一厢情愿地去想。同时，这些经营者理解的成功并不是为了让世界更好，只是为了让同行走上失败之路，但属于自己的成功之路只会越走越窄。

企业要想更长远地发展，需要的不仅是竞争力，还有目标，这个目标不是同行，而是市场，是客户的需求，是把创造更美好的世界作为企业的终极目标。

> 小鹰对小麻雀说："咱们一起锻炼，以后飞到云彩上边看一看吧。"小麻雀一个劲地摇头："别做梦了，我还是在院子里找点饭粒吃吧。"
>
> 一年后，小鹰在云端上自由地飞翔，而小麻雀还在找饭粒吃呢。

德国诗人、戏剧家歌德说："人生重要的事情就是确定一个伟大的目标，并决心实现它。"生活中最可怕的事情莫过于一个人就像黑暗中在大海里漂泊的小船，不知自己要去哪里，只能随风而游走。真正的强者会让自己成为海上迎接风浪考验的船，无论风浪有多么大，都可以朝着自己的目标前行。

谁利益天下，天下就是谁的

天下非一人之天下，乃天下之天下。

同天下之利者则得天下，擅天下之利者则失天下。

很多人每每提到利益这个词的时候总是难以启齿，认为虽然自己离不开利益，但公开去说，总是缺少一些自信的气魄。其实，主要的原因是因为我们一生都只在为自己谋利，却忘记了天下人的利益。

"利欲熏心"的人总是会将自己的利益放在他人利益的前面，这样的人不受欢迎，只会变成个人欲望的魔鬼。唯利是图、争夺利益的结果就是身心失衡。

有句话是："有人的地方就有江湖，而有江湖自然就有利益的纷争。"

有些人是为自己谋利，因此，他得不到天下人的力量，暂时得到的一切最终还是会失去。

在陈宫指责曹操"知而故杀、大不义也"之时，曹操坦然放语直言："宁教我负天下人，休教天下人负我。"曹操说出了这样的话，就说明他的内心是只为自己谋利的。无论在什么情况下宁可让我辜负背弃天下所有的人，也别想让天下的人辜负背弃我，这样的话在今天的我们听起来是一句极度自私的话，但却反映出了当时曹操以自我为中心的利益观，叫"人不为己，天诛地灭"。

负别人，自然会被别人所负！曹操的结果是他的子孙刚得到天下就成了傀儡，最终曹家的王朝只如春秋战国时的昙花，一显之后便销声匿迹。可以说，这就是自私利益观的结局。一个自私王朝的命运如此，一家自私企业的命运也不会逃脱销声匿迹的命运。

司马迁在《史记·货殖列传》中说"天下熙熙，皆为利来，天下攘攘，皆为利往"，人类的熙熙攘攘都是因为利益。

《论语》中有"不患寡而患不均"的表述，这样的表述讲的还是利益，人们与利益就像一对亲兄弟，无论两者分开得多么遥远，始终是你中有我，我中有你。对于利益，人们的原则是分配多少没关系，分配不均却是头等的大事。人之所以因利益而起瓜葛，是因为利益难分。当然，这样的现象绝不是现在的社会独有的，即便在原始社会，人们什么都没有，但也会因一头猎物而起争执，也会碰到利益分配的难题。

到了现代社会，权威没有了，宗教不神秘了，但利益的问题却越来越突出了。

其实，这也是社会发展的一种必然，当一个国家有钱时，就开始关心公平。而谈及公平，首当其冲的自然就是利益。几经波折，制定出了多劳多得的原则，虽然这样的分配可能还有欠公平，但至少比平均分配更为合理，甚至为防止利益向富人过于集中，对富人加大征税。

现在越来越多富有的人背负起了社会的责任，用从天下人身上换到的钱去利益天下人，比如去做慈善，帮助那些需要帮助的人，这样的做法，就是利益天下的做法。

在竞争激烈的商场，你所从事的事业如果会给一个人带来利益，则这个人就会推动你的事业发展，如果你的事业会给一百个人带来利益，则将会有一百个人推动你实现梦想。从此推论我们可以看出，如果我们所从事的事业能给天下人带来利益，天下人将会推动我们的事业梦想得以实现。

"进则利益天下，退则独善其身"。如果一个人有能力造福天下人，就不要浪费了这份能力。我们应当舍己为人，用心、用力做好利益众生的工作。当然，这个世界上有些事情是无法强求的，如果我们暂时没有能力利益天下，就要向内修炼，独善其身，提升自己的德行、学问，以便"厚积薄发"，在适当的时机去做有利于天下的事情。

"天下兴亡，匹夫有责"就是这个道理，这句话虽然是从古代传下来的，但是蕴含着古老的公益理念，而且也具有强烈的时代气息。

企业在发展自身的同时，也需要回报社会，利益天下。

谁利益天下，谁就得天下。

企业的慈善行为在帮助他人的同时，也帮助自己的企业树立了一个正面的形象，同时，也让普通人看到了一个企业的社会责任感，一举三得，这生动诠释了"达则兼济天下"的真正含义。

利益天下的做法是不胜枚举的，以目前的中国而言，环境保护也是利益天下的一种行为。有些企业为了自己的发展，不惜以牺牲他人的健康为代价，这样的企业是不会被人们所认可的。每个人都生活在这个地球上，只有整个地球保持健康的发展状态，人类的发展才能是长久的。

地球的资源有限，人类的消耗是无限的，也许只有地球遭遇其他星球的利益威胁时，人类才会考虑到地球的利益，激起地球人的向心力和凝聚力。但那时，我们的地球早已因我们自身的破坏而变得不堪居住，那时的我们无论做什么，都无法挽回了。因此，企业的经营者在考虑企业自身发展问题的同时，也要考虑整个人类的利益，唯有如此，才能获得人类的认可，而这样的认可足以让一家企业经久不衰。

提高产品质量、服务质量用乘法

做产品是一项长期而浩大的工程，不但需要耐心，更需要细心，在产品打造过程中，质量是产品的 DNA，是让消费者分辨产品与其他产品的根本所在。要知道，1% 的产品出现问题，就可能让产品走向 100% 的失败，因此，切不可忽视产品的质量问题。

在人们的心中，好的产品就意味着好质量，一旦产品质量不过关，人们就会对产品失去信心，消费者的流失会让产品失去应有的影响力。

质量就是生命，在一些新闻报道中，我们可以看到一些因质量而夺取人类生命的例子，这些例子就发生在我们身边。血一般的事实告诉我们，质量才是产品功成名就的来源。

在第二次世界大战期间，美国空军和降落伞制造商之间因为降落伞的安全性能发生了分歧。事实上，经过制造商的努力，降落伞的合格率已经提高到了 99.9%。但军方要求 100%，合格率为 99.9% 的话，就意味着每 1000 名伞兵中会有一名因为降落伞的质量问题而送命。但是，制造商则认为世界上没有绝对的完美，要达到 100% 的合格率是根本不可能的。于是，军方在交涉不成功后，改变了以往的质量检查方法。他们从刚交货的降落伞中随机抽出一个，让厂商负责人穿上，亲自从飞机上往下跳。这时厂商才意识到

100%合格率的重要性。奇迹很快出现了：降落伞的合格率一下子达到了100%。

也许有人会认为，这个世界上根本没有百分之百，质量也是如此，但如果产品是我们自用，我们是否就会更加在意产品的质量呢？答案是肯定的。中国有句话叫"己所不欲，勿施于人"，本着这种精神，我们的产品质量就会得到明显的提高，达到百分百并非一个只可仰望、不可攀登的高峰。把好质量关，才能让产品在市场竞争中稳步向前。企业要长盛不衰，必须把1%的问题当做100%来处理。

"质量"是一个企业的资本！"质量"是一个客户最想要的无价宝！"质量"是一个消费者最基本的保障！"质量"是产品发展所需的一个必备前提。

1985年，青岛电冰箱总厂生产的瑞雪牌电冰箱在一次质量检查时，库存不多的电冰箱中有76台不合格，按照当时的销售行情，这些电冰箱稍加维修便可出售。但是，厂长张瑞敏当即决定，在全厂职工面前，将76台电冰箱全部砸毁。当时一台冰箱800多元，而职工每月平均工资只有40元，一台冰箱几乎等于一个工人两年的工资。当时职工们纷纷建议：便宜处理给工人。

张瑞敏对员工说："如果便宜处理给你们，就等于告诉大家可以生产这种带缺陷的冰箱。今天是76台，明天就可能是760台、7600台……因此，必须彻底解决这个问题。"

于是，张瑞敏决定砸毁这76台冰箱，而且是由责任者自己砸毁。很多职工在砸毁冰箱时都流下了眼泪，平时浪费了多少产品，没有人去心痛；但亲手砸毁冰箱时，他们感受到这是一笔很大的损失，痛心疾首。通过这种非常有震撼力的场面，张瑞敏改变了职工对质量标准的看法。

为什么要用此种极端的方法处理不合格产品？

质量上出现瑕疵的产品，这是一个小问题吗？不，绝对不是。事实上，它是质量意识的大差异。如果不解决这种观念上的差异，就不可能真正解决产品的质量问题。

产品的质量是企业的生命，只有优质、高效的企业才能在任何挑战中永远立于不败之地。所以，企业必须把好质量关。无论从事任何经营，都要严格要求产品质量。如经营管理没有质量管理的观念，那么这个企业就不能发展。用高品质的产品和服务来征服市场，赢得顾客，而精益求精是质量的精髓。

海尔对"不合格品"的处理体现的是一种质量意识的大管理，这也成为产品起死回生的一个生动案例，很多人从质量的故事中看到了产品的最终发展方向。

质量是最公平的，它的天平之秤始终平衡，它对每个产品的标准都是一样的。企业要想让消费者更倾向自己的产品，就要用更高的质量标准进行自我要求，这一点与做人有些相像，要想成为人上人，就要吃得苦中苦，产品也是如此。任何一个产品的成功，都是需要付出代价的，质量就是其中的一条必经之路。把住质量关，坚持高标准，这样的产品才能在市场竞争中游刃有余。

苦练内功、强化管理用加法

对产品而言，管理也是生产力，管理得当，产品就会有光明的未来。许多处在危机中的企业都因管理而重新步入正轨，他们旗下的产品在有效的管理之下也再次绽放出夺目的光彩。

客户关系是管理当中很重要的内容，关系着产品的生死存亡，建立亲密的客户关系是产品成长的第一步，也是产品打开市场的一把万能钥匙。

西门子在开拓中国家电市场的营销策略中，运用了多种营销策略。比如，针对目标消费者的特征和产品的风格，西门子精心设计出富有特色的宣传品，并通过适当的媒体向大众介绍西门子家电。

除了上面提到的两种传统策略，西门子还充分利用口碑这种古老的广告方法，策划出了一系列的富有创意的、便于实施的且低费用的营销项目。

西门子家电公司在保证产品优质的同时，斥巨资在管理部门安装了目前中国家电行业最先进的服务于销售、物流、财务和控制的管理系统。这一系统大大提高了公司的工作效率，也使得顾客的购买更加便利和快捷。

在沟通方面，西门子除了聘请一流的广告代理协助其制定针对新产品上市的必要的适量的媒体投入外，营销策划人员的主要工作是把目标盯在广大消费者身上，利用职权口碑营销，制定更加节省和高效的营销策略。

对于家电市场中消费者最关心的售后服务问题，西门子家电的营销人员通过对家电用户心态的调查，提出了一个更完善的服务概念。

西门子的销售人员向顾客坦言：您不应当在产品出现问题时，才会享受到售后服务，我们的服务永远想着您。

为了给广大的用户提供全方位的完善的服务，也为了给集团的口碑营销提供良好的硬件基础，西门子自进入中国市场以来，就没有走一般的特约维修点的服务体系路线，而是大力地创建属于自己的全国性售后服务网络，目前已经建立了一个包括8个售后服务中心、15个售后服务维修点以及面向全国的售后服务网络。

西门子的售后服务人员在全国范围内召开用户座谈会，并随机抽出一定的用户组成西门子"用户俱乐部"，不定期地参加西门子的企业文化交流和其他产品的培训及公关活动。这些俱乐部成员还有可能成为西门子的家电特约营销顾问。

另外，西门子还经常组织用户联谊会，就产品使用意见等进行交换。同时公司的产品部门经常从用户那里收集信息，为下一步的开发计划提供依据，通过不断地加快产品设计更新、加强质量检测等手段消除产品售后故障隐患，而不是等到用户机器出了问题才提供维修或退换服务。

从对现有的顾客的服务着手，各个销售办事处针对各自的区域特点，创造出不少别出心裁的爱心奉献小活动，而从中受益的顾客都会对这些活动给予好评和传播。一些大城市的销售办事处会定期给顾客寄去一张卡片或信件，请他们注意一些简单的事项或护理工作。种种措施使得消费者对西门子家电的忠诚度大大提高。

而当西门子的滚筒洗衣机、电子温控冰箱进入越来越多的城市时，所有西门子的销售人员都体会到了这种高效低成本的口头宣传为他们带来的好处。

一些销售区域经理不无感触地说："告诉西门子的使用者，你想要做什么，顾客一般都会十分合作的。在实际操作中，给那些对使用产品感觉不错的顾客一些鼓励，他们就会非常乐意再向周围的朋友推荐我们的产品。当然，厂家首先要做到使顾客在购买产品后获得了更高的价值，并且这些产品以及服务都超过了他们的预期。"

富有人情味的促销形式往往能赢得更多的用户和潜在的消费者的好感，利用储蓄的、间接的途径推销自己的产品和服务的手段赋予了古老的营销概念以新的活力。

它不仅提醒顾客接受一次新的服务，而且会引起其他人的注意和询问。而那些接受建议的顾客又会热心地将它们转告给自己的朋友，这样即使你没有做什么广告，也会在自己的销售点发现越来越多的顾客慕名而来。

最终，西门子家电在短短两年多的时间成为中国洗衣机市场的一支劲旅。

西门子以团队形式的协力合作来解决客户所遇到的问题。客户与他们所信任的销售员建立了很好的关系，因此他们往往会不太喜欢一个陌生人给自己提供服务，这是一个专业型公司的难题。比如，在一些律师事务所，一些合伙人往往由于猜疑而极力固守着自己的专业经验和客户资源。这对公司、客户以及他们自己的长远利益来说都是不利的。因为他们不愿放权，结果使自己在加深私人关系方面疲于奔命。

如果你忽视了与客户之间曾经建立起来的信任关系和良好的发展势头，那肯定会伴随一定的危险性。这种情况一旦发生，结果将会变本加厉，可能一天早晨醒来，你会发现一个竞争对手撬走了你的客户。

客户是产品的生命之源，是产品持续发展的力量所在，没有客户，也就没有产品。因此，在管理当中，注重建立亲密的客户关系将会对产品的发展起到不可替代的推动作用。

在企业管理当中，不能缺少制度的存在。军人以服从命令为天职。

《孙子兵法》除了提倡"赏"，还强调"罚"的重要性。作为企业也同样如此，无论大小，都得借助严明的纪律来约束员工，使员工们拧成一股绳，而不是一盘散沙。

现代企业管理也需要制度的约束，每个人的内心都有一个懒汉，如果没有制度的约束，这个懒汉就会变得越来越清晰，直到让整个人都发生变化，这无论对个人还是对企业都是不利的。因此，严明的制度也是企业管理的重要组成部分。

当然，制度是死的，管理是活的，制度只是为了制约，但人性化的管理却是为了提高员工的积极性。

在当今社会，企业的竞争就是人才的竞争，只有本着"以人为本"的思想，加强人性化的管理，才能调动员工的工作积极性。管理是一门高深的学问，尤其是以人为本的管理，更要把握好分寸。

一些企业在发展过程中总是"一切向钱看"。忽视了"人"这个企业的根本，发出了"忽视人的企业早晚要垮台"的感叹。现代企业的管理工作是管理人，是调动人的积极性和完成具体的工作任务。私营公司的老板、经理必须牢牢树立"以人为本"、"人才为本"的观念。"以钱为本"只能是"人心散，事业完"。津留晃一的教训我们应当引以为戒。

津留晃一在日本创立津留软件公司，1982年创立明星网计算机服务公司，曾被舆论界誉为高新技术的希望之星。然而，1992年10月5日，明星网公司因2次拒兑汇票，事实上彻底破产了。一年前这个公司还风光无限，300多人的高技术企业销售额达44亿日元，而一年后的今天却负债50亿日元！

其破产的直接原因是陷入不动产泥潭不能自拔。津留晃一后来自己总结说，投机不动产只是破产的导火线，其失败的最大原因在于忽视了人，把员工当做赚钱的机器，企业失去了凝聚力，没有成为命运共同体。"人心散，事业完"。津留晃一总经理常对员工们讲："办公司就是为了赚钱。大家好好干，早日当大财主吧。"

他始终认为，如果赚不到钱，工作还有什么意义。在他的影响下，公司里多年来笼罩着"一切向钱看"的气氛。员工们缺乏一种敬业精神、献身精神；一有风吹草动，他们就要"炒老板"，有一次一下子突然走了80多人，几乎相当于当时公司员工的一半！这样的公司能持久吗？

津留晃一失败的最大原因在于忽视了"人"这个企业的根本。因此，企业的发展要本着"以人为本"的思想，才能立足，才能发展壮大。

人性化管理是产品生存和发展的土壤，让员工归心，才能形成凝聚力，从而打造出能够在市场有竞争力的产品，只有企业强大，产品才会跟着水涨船高。这就是企业和产品间的连带效应。

没有好的管理就不会有好的产品，同时，也不会在市场当中占据有利的竞争位置，企业的管理是多方面的，片面的管理方式只会影响企业的发展，而每家企业因文化等不同，管理的模式也有所区别，找到一条适合自己企业的管理方式，才是经营者首先要考虑的。

虚假宣传、忽悠人用减法

竞争是企业生存的关键。竞争的方式有很多，其中，企业宣传和商业广告是促成经营者与用户、消费者之间发生商业交易关系的媒介，换句话说，它们就是经营者之间一种重要的竞争手段。尤其是在当今社会，商业竞争已经变成了宣传和广告的竞争。

企业在宣传和广告方面的投入日益增加，努力扩大企业及产品的影响力。在这个过程中，自然有不按规则出牌的人。虚假宣传，夸大产品功能的广告比比皆是，这样的做法既破坏了公平竞争的原则，也为自己的企业今后衰落埋下了伏笔。

有人说，杜绝虚假广告的最好方法是从源头抓起，但如何才能抓到源头，让每个企业都能够按照市场规则来进行宣传才是难点所在。一般来讲，广告主、广告经营者和广告发布者都应对社会、对消费者负责，不让虚假广告有出现的机会。但总有人不按规则出牌，根本的原因就在于所有的经营者都在追求利益的最大化，这才是他们的目标，因此，寄望于经营者们出于对消费者负责而停止欺骗，显然是不切实际的。这就像你将一块面包放在了一个饥饿的人面前，希望他不要将其吃掉一样，其可能性微乎其微。既然如此，道德的因素似乎已经无法控制虚假的宣传，那么，只能拿起法律的武器。试想一下，如果经营者因为虚假广告而受到了利益方面的惩罚，那么他们还会不会再去做虚假广告了呢？有人说，人为财死，鸟为食亡。还是会有人为了利益去虚假宣传，但这样的概率至少会缩小到很小的一个范围。就像无论怎样宣传和谐一样，还是有人会去做破坏和谐的事情。

企业的虚假宣传可能在短时间内会取得非凡的成就，但时间久了，负面影响就会越来越大，甚至会导致企业最终走向灭亡。当消费者对产品产生信任危机的时候，品牌就被推到了悬崖，生存都是问题，又如何能发展呢？现在很多广告，对消费者来讲，尤其是电视购物的广告，时间久，不断重复，消费者对其极其讨厌。在这种情绪下，相信没有哪个消费者愿意认真倾听你在讲些什么？

另外，虽然消费者不喜欢这种广告，但是这些广告主也达到了目的，至少混个脸熟，间接地影响了消费者的购物。对于企业来讲，有些企业很想一步一步地发展，用君子爱财取之有道的方式去赚取利润，但这些企业往往会受到不按规则出牌、进行虚假宣传企业的打击，以致难以生存，更加无法发展。现在的社会，之所以会有很多企业都不正规，主要原因在于经营者的潜意识里都认为这样操作是被允许的。这才是虚假广告宣传如此猖獗的根源所在。

原来所有的一切都源于人的心，源于企业经营者的内心世界，如果经营者的内心世界是美好的、阳光的，那么，企业所走的路就是阳光之路；反之，如果经营者的内心阴暗，那么，这样的企业注定就会为五斗米而折腰。

现在的市场需要健康的企业来支撑，虚假宣传应用减法，但有一些企业没有认识到这个问题，它也会运用减法，只是不在虚假宣传上面。

中国企业大都擅长做减法。如果把"不断降低成本，做出更便宜的产品"称作"减法思维"，这个思维方式是每个企业经营者必备的，这也是中国的一些企业往往能"以跨国公司理解不了的成本，做出令跨国公司感到恐怖的价格"的原因所在，于是"中国制造"就由这样的减法思维创造出来，并席卷全球。

可惜的是，这些企业一方面降低成本，另一方面却用增加虚假宣传的方式来破坏市场。这就像一个人明明自己要住在房子里，却偏要对房子进行破坏一样。这个世界上不按规则出牌的人有很多，你不是第一个，也不会是最后一个，甚至不会是破坏最彻底的一个。既然每一个第一都无法占据，何不走出这个泥潭，用光明正大的方式来发展自己的企业？

当然，有些企业进行虚假宣传并非有意识的，比如，只适当地夸大产品的优点，却对其缺点一句也不提，从表面上看，这只是一种宣传行为，只是为了掩盖事实的真相、使消费者产生误解的目的。从经营者的角度来看，这并不算一种欺骗，但从消费者知情权角度来讲，仍属于虚假宣传范畴。

有些企业在做广告时，假冒他人名义、商誉和形象等进行宣传。将同类产品的宣传用语加入其中，目的是向消费者暗示其与清华大学之间存在特殊的联系。这种虚假宣传的目的不是针对特定的竞争对手，而在于借助他人的影响提高自己产品的竞争力。但这样的方式也起到误导消费者的作用，对消费者也是一种有目的的欺骗。

有些经营者认为，竞争的目的就是打倒对手，因此他们在宣传时，针对的不是自家的产品，而是同行的其他产品，比如宣称产品是"首创"、"独家经营"等。这样的宣传目的就是让消费者知道，自己才是正宗的，而所有的同类产品都是非正宗的。这种宣传用语具有明显的排他性，从而达到误导消费者、侵占其他同业经营者市场份额的目的。

虚假宣传的方式有很多，经营者不要因自己的一时不慎而走入虚假宣传的误区。虚假宣传就像一味慢性毒药，时间久了，就会积累到快速中毒的程度，而一旦毒发，任何人都无法挽救。因此，为了企业的长远发展，企业经营者要用减法的方式来渐渐划清自己企业与虚假宣传的界限，不让虚假宣传摧毁企业的长城。

蒙人、坑人、骗人用除法

五毒之后，还有五坏。五坏之一，坑。坑，也就是坑人，绝非秦始

91

皇之以坑埋人，而是用尽各种手段去让别人相信自己，从而达到自己的目的。

"人之初，性本善"，那么，究竟是什么让我们发生了质的改变呢？有人说是环境，也有人说这是成长的代价。然而，真正让我们改变的是我们的心，我们的心不再单纯，不再相信美好。因此，我们变了，心是内在因素，外在因素则是金钱，有人将金钱比喻为万恶之源，认为世间所有的不美好都是其作用的结果。当金钱与市场共同作用的时候，经营者很容易就会选择快速而有效的获取金钱的方式，因此，蒙人、坑人、骗人的方法也会被经营者认同，只为了追求短期的利益。

我们常说，有些东西是不能去碰的，而蒙人、坑人、骗人就是不能碰的底线。这不是简单的道德问题，而是涉及法律。

比如，有的企业以制药为生，为了与同行竞争，他们不惜以假药充斥市场。假药的价格自然很低，但却并不治病，这样一来，就会耽误买药之人，甚至有人会因为耽误治疗而丧失性命，这样的坑人、骗人是上天所不容的，中国有句话叫"自作孽不可活"，这就是自作孽的一种。

曾听过这样一个笑话：

> 一饿狼出外觅食，来到一户人家的窗下，听到有女人在训孩子："再哭就把你扔出去喂狼！"结果，孩子哭一夜，狼在门外痴痴等至天亮，长叹一声："骗子，女人都是骗子！"

虽然这是个笑话，但却反映出了被骗者的心态，如果我们每个人、每个有良知的企业都能够从被害人的角度去考虑问题，也许这些所谓的笑话就不会出现了。

当然这是企业与消费者之间的关系，企业与企业之间也存在着这种蒙人、坑人、骗人的伎俩，经营者只有戴上理智的眼镜，才能避免被骗。

我们来共同分享下面的故事。

从前，有个牧人牵了一只山羊、骑着一头驴进城去赶集。这个人很悠闲地走在路上。三个骗子知道了这件事，于是他们凑在一起决定使用连环计去骗他。

第一个骗子趁牧人骑在驴背上打瞌睡之际，把山羊脖子上的铃铛解下来系在驴尾巴上，然后大摇大摆地将山羊牵走了。

不久，牧人清醒过来，准备继续上路，但却发现山羊不见了，于是急忙寻找。这时第二个骗子走过来，热心地问他找什么。

牧人对第二个骗子说他的山羊被人偷走了，问他看见没有。骗子听后，心中暗笑，随便一指，说他刚刚看见一个人牵着一只山羊从林子中刚走过去，也许是那个人吧。牧人听后决定去追，将驴子交给这位"好心人"看管。等他两手空空地回来时，驴子与"好心人"自然没了踪影。

这时，牧人伤心极了，一边走一边哭。当他走到一条河边时，却发现了一个人坐在河边哭，且哭得比自己还伤心，牧人不明所以，难道还有比我更倒霉的人吗？于是好奇心促使他走上前，问道："你怎么了？为什么哭得这么伤心？"那人告诉牧人，他带着两袋金币去城里买东西，在水边歇歇脚、洗把脸，却不小心把袋子掉水里了。这时，牧人说道："哭有什么用？赶快下去捞呀。"那人说自己不会游泳，并对牧人承诺，如果牧人帮他捞上来，愿意送给他20个金币。

牧人听后，觉得自己的人生又重新活过来了。他心中计算了一下，虽然自己的羊和驴子丢了，但可能会得到 20 个金币，损失全补回来且还有剩余。想到此处，他连忙脱光衣服跳下水捞起来。结果两手空空地回来了，却发现他的衣服、干粮和刚才那个哭得很伤心的人都不见了。

现在的很多企业被骗的情形都各有不同，但归结原因却逃不出以下三点：一是没出意外前麻痹大意；二是出现意外后惊慌失措；三是造成损失后急于补亏。正是这三个原因让骗子轻易得手，企业被骗的原因在于此，消费者被骗的原因也是如此。

企业一方面不要做一个骗子，因为这样的企业不会长久；另一方面也要提防被骗，既不做牧人，也不做那三个骗子。

我们的人生并没有自己想象的那么长，几十年而已。在这几十年当中，我们要学会爱别人，也要学会保护自己。而企业的经营者也要有一颗正直的心，用光明正大的方法笑傲市场，用除法的方式去掉企业经营当中的那些容易令企业走向灭亡的因素，即蒙人、坑人、骗人。

设置“争与不争”的底线

人们的工作、学习和生活常常离不开争取，离不开努力。但是，是不是所有的事情都要去争？这就值得考虑，试想一下，如果我们每一件事情都要去争，那么我们每天的生活永远都是以他人为中心，没有自我的人生有什么幸福可言？

因此，争不争、争什么、怎么争这些问题都不是小问题。争的底线对人们的理想信念、行为方式、工作取向和生活情趣有着很大的影响。因此，我们对于"争"要设有一个底线，不能什么都争，也不能什么都不争，态度要科学，境界要高尚，这才是争的终极目标。

一般来说，人人都有"争"的欲望和潜意识，每个人都不想做最后一名，因此都通过努力争取，保证自己在各方面都能不掉队、不落伍。这是人们争的第一个理由，也是最重要的理由之一。但是在现实生活中，在争与不争的问题上，人们的态度是有差别的。比如，有的人十分好奇，在他的世界当中，生活就是战争。因此，他总是保持着一股"不松懈、不怠慢"的劲头，用"只争朝夕""欲与天公试比高"的精神，为真理、为自己，孜孜以求，愈争愈勇。这也是人们常说的进取心，有了这样的进取心，人生才能从活着变成生活。当然他们的争都有一定的目的，并不是盲目的。相反地，有的人以顺其自然、不争为由，过着不思进取、庸庸碌碌、得过且过的生活；也有些人迷信难得糊涂的思想，当争不争，对明知是错误的思想言行都视而不见，该劝阻的不劝阻，该制止的不制止，其实这样的人并非难得糊涂，而是长期糊涂。他们不敢、不愿为真理和原则而斗争，甚至还随声附和、随波逐流。

我们常说，任何事情都是态度决定高度。争与不争、努力不努力，其结果会大不一样。争并不是让我们无底线地去争，比如，与他人抢功，与他人攀比。这样的争，争来的不是高度，而是低度。因此，争与不争都需要底线，争的底线是原则和真理，不争的底线是个人的利益。

职场是一个大的秀场，在这个秀场当中，每个人都会展现出其个人的风格。哪怕戴着同样的面具，时间久了，我们仍能看出一个人的本质。比如，有些人工作努力，业绩逐渐增加，工作环境有所改善，学习有新收获、新进步，本领、能力不断增强，所有这些都是这些人依靠

"争"的精神得来的，都是自然的、正常的；但有的"争"却是错误的，比如：争权夺利，争个人的物质待遇享受等，这些"争"的本质都是利己主义，为自己和他人带来的不是荣誉与贡献，而是一种错误的价值观。

我们普通人的世界观、人生观、价值观都不同，也没有必要让我们思想统一，只有百花齐放的思想才能创造不同的价值，但有些人的思想过于偏激，在争与不争的选择方面有着明显违背价值观错误，如果我们对于这样的思想任其发展，最终的结果往往会害人害己。无聊的狭隘的"争"只会摧毁自己的个人价值，破坏自己与他人的感情。除此之外，没有任何积极的意义。我们提倡正确的"争"，既不是漫无目标，也不是不择手段，而是倡导有序竞争、以正确价值观为基础的"争"。而这种正确的争可以显示出一个人境界的高低。

有一则故事，说的是一位即将出征平叛的将军与一位老人下棋，两个人下了几盘都是将军赢，将军很开心，他很久没有赢得这样酣畅淋漓了。于是，他带着必胜的心情出征了，等将军胜利凯旋之后，这位将军又来与老人对弈，却输了个一败涂地。将军对此感到疑惑，老人笑看着他，对他说："前番将军即将出征，为了让你有信心建功立业，我只好每盘都输给你，现在你得胜回来，我就无所顾忌了。"这就是老人为"争"设置的底线。他并非不争，也并非害怕权势之人，而是以让为"争"，争的是棋盘以外战场上的胜利，为的是国家的利益。

这个故事很简单，却告诉我们争与不争的道理。争什么、怎么争很重要，争也是有境界的，是为了一时、一事、一己之私而争？还是为他人、为国家而争？两者都是争，但高尚与低俗、无私与自私，却有天壤之别，是泾渭分明的。

人生在世，最纷扰我们的一个字是"争"。这个世界的吵闹，所有的不愉快、嫌怨、钩心斗角、尔虞我诈都是争的结果，更正确的说是没有底线争的结果。

在现实工作和生活中会有许许多多的"争"，这些争不是战争，却比战争更加可怕，它造成了人与人之间所有的矛盾。争不争、争什么、怎么争是涉及世界观、人生观、价值观的大问题，如果我们在这些问题上面犯糊涂，结果就会争来的是芝麻，丢掉的是西瓜。最重要的是，看似聪明的我们却没有发现。积极谋求正当利益、维护合法权利是每个人的权利，它也在可争的范围之内，但这并非意味着争是没有原则的，有些人总是喜欢争，明里争，暗地争，大利益争，小便宜也争，只要与自己有关的，一项都不放过。结果，他们争来争去，争到最后，原本阔大渺远的尘世，只能容得下一颗自私的心了。

中国有句话叫"退一步海阔天空"，这句话告诉我们不争也是一种态度，中国还有句话叫"该出手时就出手"，这句话则告诉我们该争就要争。那么，如此矛盾的两句话，究竟哪一句才是真理呢？

中国的语言有一个特点，是同一个词在不同的语言环境当中有着不同的意义。"退一步海阔天空"与"该出手时就出手"同样都是真理，这两个真理解决了我们争与不争的难题。当面对我们个人的利益，比如金钱、权力时，我们要退一步；而当我们面对的是国家利益、集体的利益时，我们要出手，这就是争与不争的最终底线，只要遵循这个底线，无论是做人还是经营企业，我们都将从中获益，从他人那里获得更多的帮助。人人为我之前，还有一句叫我为人人，只有实践前一句，后一句才能从想象变成现实。

规范以实用性为原则

在两千多年前的战国时期，思想家韩非子说过："虽有乎千金之玉卮，至贵而无当，漏不可盛水，则人孰注浆哉？"这句话的意思是说，一个酒杯价值千金，但若是它漏了不能盛酒，也就失去了基本功能，就没有了使用价值。通过韩非子的这句话，我们可以很清楚地明白规范应以实用性为原则。

经营企业就像带兵打仗一样，要想获胜，就要有铁的纪律。在军队中军人遵守的是纪律，而在企业当中，员工遵守的则是规范。这些规范一方面约束员工，另一方面也加强了经营者对企业的管理，让企业当中每一个员工都明确自己该做什么，不该做什么。

企业的经营者为企业制定规范需要以实用性为原则。如果没有实用这个内容，所有的规范将会变成一潭死水，看上去很好、很美，却没有任何的活力而言。

中国有句话叫"天子犯法，与庶民同罪"，讲的就是规范。孙武练兵的故事也许能给我们一些启发，从这个故事当中，我们可以看出实用的规范才能形成战斗力。练兵如此，制定企业的规范同样如此。

> 吴王给孙武出了个难题，将一群宫女交给孙武来训练。当时，宫中美女共有180名。孙武在接下这个任务后，把180名宫女分为左右两队，指定吴王最为宠爱的两位美姬为左右队长，并要求她们带领宫女进行训练，同时指派自己的驾车人和陪乘担任军吏，负责

执行军法。

当一切都已分配完成后，孙武站在指挥台上，认真宣讲训练要领。他问道："你们都知道自己的前心、后背和左右手吧？向前，目视前方；向左，视左手；向右，视右手；向后，视后背。一切行动都以鼓声为准。你们都听明白了吗？"宫女们觉得很新鲜，很配合地回答道："听明白了。"等一切安排就绪后，孙武便击鼓发令。然而尽管孙武三令五申，但宫女们并未将孙武的话放在心上，口中应答，内心却感到新奇、好玩。她们根本就不听号令，众人在一起说笑，队形大乱。孙武便召集军吏，根据兵法要斩两位队长。

吴王见孙武要杀掉自己的爱姬，马上派人传命说："寡人已经知道将军能用兵了。没有这两个美人侍候，寡人吃饭也没有味道。请将军赦免她们。"但孙武却毫不留情地说："臣既然受命为将，将在军中，君命有所不受。"孙武还是杀掉了两位队长，并重新挑选队长，继续练兵。当孙武再次击鼓发令时，众宫女前后左右、进退回旋、跪爬滚起全都合乎规矩，阵形十分齐整。孙武传人请吴王检阅，吴王此时心中不快，并未前来，孙武便亲见吴王，对他说道："令行禁止，赏罚分明，这是兵家的常法，为将治军的通则。对士卒一定要威严，只有这样，他们才会听从号令，打仗才能克敌制胜。"听了孙武的一番解释，吴王阖闾怒气消散，便拜他为将军。

军队有军队的纪律，企业也有企业的规范。实用性是规范的前提，也是执行的基础，有些企业有几十条规范，但其中的内容即使经营者自身执行起来都很困难，用如此的规范要求员工，只是在为自己与员工沟通设置障碍。

任何规范存在的目的，对员工而言不仅是约束，也是一种保护。尤其是当今社会的机械化程度极高，如果不按规范去操作，伤害的只会是员工个人，企业中的规范不是装饰，规范的内容可以只有几条，但需要严加执行。只有内容具有实用性，执行起来才更有效率。

因此，经营者要明确规范的内容，同时让员工理解规范对员工的保护作用，只有当他们理解了，才能自觉地执行。

流程以简易、高效为原则

流程管理是企业的基础。任何企业都要有流程，做任何一件事情也要有流程，流程存在于企业内部，它的作用是有效地提高企业的效率，帮助企业提高对客户的服务能力和市场的应变能力。因此，流程对企业来讲是十分重要的。

我们来共同分享下面的故事。

在很久很久以前，有一座山，山中有一个寺庙，庙里住着七个和尚，这七个人除了念经之外，每天需要分一桶粥。最重要的是，粥每天都是不够的。

最初的时候，他们决定一人一天来分粥，结果他们只有在自己分粥那天才能吃饱。后来他们开始反思，推选出一个道德高尚的僧人来分粥，看上去这样似乎更公平了，结果却为清静的寺庙带来了更为严重的问题——腐败，公平再次荡然无存。

接下来，他们又开始想好的方法。他们组成三个人的分粥委员会和四人评选委员会。结果呢，平静了一天后，他们就开始互相攻击，虽然粥是比以前分得均匀了，但到吃的时候却都凉了。

难道就没有更好的方法了吗？最后，一个和尚想出来一个方法：每个人轮流分粥，但分粥的人要等到其他人都分完后才能拿到剩下的最后一碗。这样一来，为了不让自己吃到最少的那碗粥，每个和尚都分得尽量均匀，就算不均匀也只能认了。

从这个故事中我们可以看出，人性是自私的，任何事情都离不开一定的流程，简单的分粥也是如此。企业制定流程需要的不仅是对公司内部情况的了解，更要了解人性。唯有如此，才能制定出一份公平、合理、简易、高效的流程。

流程管理是一个企业的基础。无论干任何工作，企业首先要考虑的是流程，先干什么？再干什么？哪些可以做？哪些不能做？流程的存在就是为了解决这些问题。任何一个环节出问题，都会导致整个流程的瘫痪。

植树节那天，某领导来视察植树的情况，走到一条街上，他发现一个人沿着马路在挖坑，已经挖了一排，而且离他不太远外另一个人在往那些坑里填土。领导看了很奇怪：好好的路挖了又填，折腾什么呢？

于是领导就问这两个人："你们在干什么啊？"

"我们在植树啊。"

"植树？那树呢？"领导四下看看，疑惑地问。

"我们三个人一组植树，按照新的植树流程，一个人挖坑，一个人种树，最后一个人填土。可是，今天负责种树的那个人病了，没来。"

执行是流程的关键，流程当中的任何一个环节出现问题都会对整体产生影响。因此，除加强执行外，企业经营者还要尽可能地减少流程的环节，越是简单越不易出错，同时，也能提高企业的办事效率。比如，有一个人想办成一件事情，但却需要盖十个章，那么等他盖完所有的章后，这件事情早已成为了他人的囊中之物。这就是流程过于烦琐阻碍了效率。

制定流程需要考虑的事情有很多，但简易的流程更易高效，执行起来也会更加到位。这就像做人一样，简单的人往往幸福感强烈，越是复杂的人活得越痛苦。无论对经营者，还是对执行者，简单的流程都有益处，企业的整体效率也会因流程简单而变得高效起来。

百花齐放的柔性竞争

当春天的脚步停在我们身边的时候，我们感受到的是春天的五彩缤纷，各种花儿如春天的信使，绚丽地绽放，让春天更加精彩。

百花齐放让我们看到了不一样的春天，而商场中百花齐放的竞争则让我们看到了商业的成长，这与竞争的本质是相符的。无论商界、人类社会甚至动物社会都因竞争而不断进步，不断演化。正是由于竞争的存在，我们才能生活得如此紧张而惬意。紧张是竞争给我们的压力，惬意是竞争改变了我们的生活。

每个人提到竞争的时候，感受到的多是紧张和压力。这种片面的看待竞争的方式让我们无法体会到竞争的真谛。

人类社会的竞争很文明，尤其是在当今这个时代，柔性竞争已经成为社会的主题，如果用以前的文斗和武斗来形容，现在的商业竞争属于文斗。

人类的世界是竞争的世界，动物的世界也因竞争而更加精彩。比如，有个科学家做了个实验，把两批羊分别养起来，一批让它们和其天敌生活在一起，一批自己生活。最后的结果是和天敌生活在一起的羊变得更具有求生的能力。竞争是一个国家、一个民族赖以生存和发展的永恒动力。我们无法想象，没有竞争，一个国家、一个民族会衰落到怎样的地步。如果一个人没有竞争的压力，也就没有前进的动力。企业也同样如此，当这个世界上只有一家生产某种商品的企业时，这个世界就要永远停留在其他企业消失的那一刻，因为，没有了竞争，这家企业自然没有了继续创新的动力，世界自然也就像没有电池的表，永远都不会再向前走一步。因此，当今世界、当今社会是竞争的世界、竞争的社会。"物竞天择，适者生存"指明竞争才能导致强者生存，促使社会不断进步和发展。

如今的竞争百花齐放，在我们的身边，每天都在上演着各种各样的竞争，比如，媒体竞争、报业竞争、期刊竞争、产品竞争等，这些竞争就在我们身边，我们可以通过各种渠道进行了解，虽然了解的内容较少，但是也能让我们感受到在竞争环境下企业的成长。

电视已经成为了人们业余生活的伙伴，各种歌唱节目如雨后春笋般出现在我们的生活当中，无论我们怎么换台，总有一个人在那里唱歌，这样的节目之所以能够红起来，就是因为其内容是充满激情、充满竞争的，每一环节都透着竞争的气息。

　　企业间的竞争也是如此。在市场当中，企业的竞争已不再处于一枝独秀的时代，百花齐放已是一种必然的竞争趋势，企业是无法逃避的，只有面对。当然，企业也不必将每一次的竞争都看成生与死的较量，只需认真面对，勇于挖掘自身的潜力，认真观察市场的变化，以促进自身发展的思维去对待不期而遇的竞争者。

第四章 我即一切

打造超越竞争的

核心竞争力

变"外视"为"内视"的核爆力

我活着是为了什么？我的人生目标是什么？我赚钱是为了什么？现在摆在我面前的困境又是什么？连续四个为什么的中心只有一个主角即"我"。一个简简单单的我字引发出无限的问题。当多个问题摆在我们面前的时候，能够解决这些问题的人也只有一个"我"，这说明了一件事情：强大的自我才是生活的焦点，才是生活的主题。

很多人在红尘中迷失、困惑，遇到各种问题时，常常纠结、难以自拔。浙商某企业的董事长就是这样一个人，从一贫如洗到亿万家产，他在物质丰裕的状态下却不知何去何从。相信有很多企业家都有这样的经历，得到了财富却失去了自我，人生遇到了最难的难题。有些人处于这种迷茫的时候，甚至会带着自己的问题去请教别人。不耻下问固然是一件好事情，但有些事情注定只能由我们自己解决。成功的人往往会在自己的头脑中建立起一座智慧的殿堂，在这个殿堂中逐渐建立起强大的自我，活得简单、自然、成功。这些人必然是成功的企业家，因为在他们身上已经具备了成功企业家"内视"的条件。

是的，找到了感觉，就找到了自我。每个企业经营者都要经历找到自我的过程。从放下、解脱，到打开、自在，这些都是建立强大自我的途径。让每个人都拥有强大的自我，这才是走出人生低谷的幽静小路。

企业家需要强大自我，企业家经营的企业更需要这样的自我审视。很多企业家最初的时候总是将目光看向同行，似乎同行的每一个举动都是一项风向标，风向改变了，自己就要跟着风走，结果导致了对商机的误判。真正精明的企业经营者应将目光放到自己身上，变外视为内视，做强、做大自己。

当然，气功中讲的"内视"或"反观内照"有两层意思：一是意念上想着某个部位、穴位、器官，从而好像眼睛也看到它似的；二是有了透视能力的人真能看到自己的穴道、器官、经络走向等，好像看到了彩色图片或实物。而企业经营者要做到这一点，就必须对自己企业的情况了如指掌，看清所有的优点和缺点，用一颗客观的心去看待自己的企业。

每个行业的发展都有一定的时间段，在某个时间这个行业可能快速地发展，过了这个时间点就进入到了发展缓慢期，高速发展的势头一去不复返，这样的情况很容易让企业陷入危机。这里所指的危机并非经济上的危机，而是经营者心理上的危机，越是在这一时期，经营者就越容易模糊焦点，害怕同行的某些举动会打破这一平衡，导致自己的企业陷入被动。

企业经营者要时刻保持处理危机的心理状态，越是在困难时期，越要懂得自身强大的重要性。若能在危机来临时保持冷静的心态坦然面对，在心理素质上即高人一筹；如果在危机面前，能够根据自己企业的情况制定应对策略和方法，那么，企业摆脱危机则指日可待。

"佛不度人人自度"，任何企业，无论在何时，都要具备内视的能力，明白所有的竞争对手只是一种假想，真正的竞争者只有自己。只有这样，企业才能在竞争激烈的市场当中站稳脚跟、脱颖而出。

"外视"变"内视"是一种思想上的转变，这样的转变让企业找到了竞争的本质。做企业与做人有相通之处，人最大的敌人就是自己，而企业最大的竞争者也是自己。强大自己，是让自己傲视市场的资本所在，只有强大的自己才是竞争的最大靠山。

认清自我是做好自己的前提

俗话说得好："人无远虑，必有近忧。"任何时候都不存在真正的高枕无忧，有计划地行动总比盲目行动更有胜算。遗憾的是，很多人的头脑当中没有规划意识，也没有规划习惯，总是将自己的头脑清空，不得不在人生中走许多弯路。

同理，在职业生涯中，并不是每个人从一开始就清楚自己是个怎样的人，也并不是从一开始就明白该走哪条路。有很多人甚至从大学期间就开始进行职业规划，但结果还是走了不少弯路，才找到一条适合自己的路。但有的人整天迷茫、混沌度日，浑浑噩噩，没有追求，这样的人走的弯路会更多。因此，人生真正开始的第一步应是认清自我，善于规划，只有这样的人才能更早地找到属于自己的发展之路。

一个人在这个世界不断地摸爬滚打，很容易染上一脸的灰尘和油垢，这时的人们往往不愿自我反省和检查。他也许曾照过镜子，但却不愿意看到又脏又丑的自己。他无法面对镜子中的自己，缺少认清自己的勇气。这样的人并不了解真正的自己，拒绝看清自己的缺点，甚至自我膨胀。就像处在战斗中的公鸡一样，当它遇到外敌时，颈部和身上的毛就膨胀竖直，用这样的方式来夸大实力，希望能够有效地给对手以心理上的打击。但所有的人都明白，那是一种假象。要真正认识自己，必须常常反省，而且最好在心里稳定、生活正常时进行，这样的反省更有利于看清自己。如果一个人的情绪不稳定，生活状态混乱，那么，所谓的反省多带有自身的情绪。这样的反省不但起不到正面作用，反而会起到消极的负面影响，这时的自己是无法认清自己的。

个人的情绪色彩往往影响着一个人对自己的认知，比如，过度自信的人往往会认为自己就是太阳，所有的人都应围绕着自己。试想一下，这样的人怎么能认清真正的自己呢？学习禅法的人首先要知惭愧、知忏悔，即达到一定的境界。须知，一般人都会犯错误，因此要常常自我检讨，自我认知。"知惭愧"就是检讨自己，"知忏悔"就是承认自己的错误，只有两者相结合，才能在检讨自己、在承认错误中重新出发。知过能改就能随时随地面对真实的自己。

一个人在行走的过程中跌倒，是那个坑让他跌倒的，可导致他一直在坑里不起的，是他自己。因为他不愿意面对这样的自己，觉得这样的自己无法面对世人，就像楚霸王项羽一样，他是有机会东山再起的，只是因无颜见江东父老而自刎，失去了重新振作自己的机会。

很多人都会在失败后后悔自己当时的行为；在无助之时，望着天抱怨世界的不公；在落寞失意之时，懊悔自己的无知；在无头绪地做着一切不情愿但必须做的事时，感叹命运的捉弄；在不知所措时望着别人愤怒的脸庞，才发现原来自己也有手足无措的时候……这所有的一切使你接近于颓废的根源是缺乏恒心，毅力吗？答案是否定的，最重要的是你没有认清自己。

早在 2000 年前，古希腊人就把"认识自己"作为铭文刻在德尔斐神庙中。然而时至今日，不能不遗憾地说，人们"认识自己"的目标还远远没有实现。

生活中，我们常听到这样一句话，"画皮画虎难画骨，知人知面不知心"，这句话的意思很明白，无论你自认为多么了解一个人，他的心却是你看不透的。其实，了解别人难，了解自己更难。宋朝的苏轼在《题西林壁》中这样描述道："横看成岭侧成峰，远近高低各不同。不识庐山真面目，只缘身在此山中。"所以说，人最难做到的不是看清别人，而是认清自己。

很多人自信地认为可以将自己看得很清楚，却不知人从有分辨能力开始，凡事都带着主观因素。不能正确评价自己，不是自视过高，就是过于自卑，不能从整体角度来进行自我审视，从而给自己一个客观而又综合的评价。

很多人对自己有着绝对的自信，这种自信让很多人认不清自己。也许有人会说，这是危言耸听之词，认不清自己与别人有什么关系？

战国时期，赵奢的儿子赵括从少年时就熟读兵书，善谈兵法，连他的父亲赵奢也说不过他。公元前262年，秦国攻取了韩国的上党郡，韩国请求赵国发兵。赵国派遣大将廉颇率大军驻守长平，秦国也派大军向长平进攻。

面对强大的秦军，廉颇筑壁垒坚守，两军相持不下，于是秦国采取反间计，诱使赵孝成王弃用廉颇，改用赵括为将。于是赵括走马上任，一到长平就把廉颇原来的计划全部改变，调兵遣将，大举进攻秦军。

而秦王却用善战的白起为上将军，取代了王龁。白起到任后，为迷惑赵括，正面佯败后退，布置了两支骑兵，迂回抄袭赵军后路。赵括不知是计，仍然乘胜追击，直攻到秦军壁垒之下。秦军坚守阵地，赵军无法攻下。秦军的一支骑兵切断了赵军的后路，使赵军腹背受敌，另一支骑兵直攻军粮道，使赵军失去了根据地。赵军被围，赵括最后亲率精兵搏战，最终被秦军乱箭射死。在赵括死后，赵军军心大乱，四十万赵军投降了秦国。但大将白起怕投降的赵兵造反，除将年幼的240人放回赵国，其余赵兵全部被坑杀。

这就是历史上有名的"纸上谈兵"的典故。赵括自认为是个军事家，所以敢于接帅印。而实际上，他只是个空想的军事家，没有经受住战争的考验。正是由于赵括没有认清自己，导致了自己被杀，赵军四十万人被坑杀的结局。所以，人不能正确地认识自己是件十分危险的事情。

其实，认识自己的途径是多方面的。"以人为镜"可以发现自己的特点，重新认识自己。这是其中的一个方法，当然，方法要正确，如果找不如自己的人做比较，或者拿自己的缺陷与别人的优点比，都会失之偏颇。因此，要根据自己的实际情况，选择条件相当的人做比较，唯有如此，才能真正地看清自己。

一个人的头脑是用来想事情的，长期不用只会让头脑生锈，因此，自省也是一种认清自我的过程。通过自我反思、自我检查来认识自己，从中发现自己的长处和不足。

中国有句俗话叫"当局者迷，旁观者清"，从同伴对自己的评价中往往能发现真实的自己。如果自我评价与他人的评价相近似，则说明自我认识较好；如果两者相差过大，大多表明自我认识上有偏差，需要调整。当然这并非绝对，对待他人的评价也要有认知上的完整性，不可偏听偏信，要恰如其分地认识自己。

一个人只有认清自己，才能做好自己。这是认识自己的一个重要前提。

建立自己的信心港湾

在现代社会中，一个丧失信心的人是无法真正获得成功的，尤其是在生意场上。信心是事业发展的天空，没有信心也就等于失去了一切。同时，信心是成熟和成功的催化剂，是开启人生和未知世界大门的金钥匙，一个人要想事业有成，就必须拥有无坚不摧的理想和信念。

曾经担任过美国足球联合会主席的戴伟克·杜根说过这样一段话："你认为自己被打倒，那你就会被打倒。你认为自己屹立不倒，那你就会屹立不倒。你想胜利，又认为自己不能，那你就不会胜利。你认为自己会失败，你就失败。"由此可见，信心对一个人的成功至关重要。人的想法是能够指导行动的，有信心自然心中充满希望和动力，有向前冲的拼搏精神。一切胜利皆始于个人求胜的意志与信心。因此，必须往好处想，必须对自己有信心，才能取得成功的资格。信心就像一扇门，想要获得里面的东西，必须有勇气推开这扇门。生活中，强者不一定是胜利者，但是，胜利却最终属于有信心的人。

信心在成功的道路上扮演着一个推手的作用，失去信心目标的毅力是短命的，而强烈的信念可以使一个创业者成为企业家。

相反，自卑会像一座大山把人压倒，而让你永远沉默，也可以像推进器那样产生强大的动力。

西方科学家在试验中发现：在一般情况下，人的能力只发挥了很少一部分，而在受到充分激励的条件下，有可能几乎全部发挥出来，但不是每个人都能意识到，自己的能力简直就是一个处于潜伏期的活火山，一旦有足够的信念诱使其喷发，必将势不可当。信心和胜利是一对孪生姐妹，不安于现状、勇于进取的开拓者，才能有所作为；不甘沉沦，才能奏响人生中的华美乐章。

与大多数人的看法相反，地球上的所有生命都是最优秀的存在者，因为整个地球的生灵都是在奉行着宇宙"物竞天择，适者生存"的法则，所有的万物莫不在自我发展。

人们常常抱怨现在的生活再也没有了从前的乐趣，很多人希望可以回到过去，要知道这样的思想是退步的，我们需要做的并不是追寻逝去的美好时光，而是将目光放在当下及更远的未来，因为，最精彩的瞬间总是在未来等待着我们。

虽然，人们总是对自己的存在持怀疑态度，认为自己在这个世界中的角色不过是个无足轻重的小人物，只是大千世界中渺小的一部分。这样的认知未免有些过于自卑。

其实，这个世界上任何人都不是完美的，谁都存在缺点。每一个人活在这个世界上，都不是为了揭开他人的缺点而活着，谁都不会去在意你的缺点，因为他也不是完美的存在。但有些人却对自己的缺点过于执着，甚至害怕别人知道它的存在，这样的认知是缺点被无限放大的结果。你认为自己的缺点一定会被人嘲笑，而实际上并不是这样。谁都有缺点，你身边的人会经常因为缺点的存在而畏首畏尾的活着吗？多数人不会，因为他们从不将自己神化，他们会相信自己，用自信的心态去生活。

如果现在的你还无法自信地面对自己，就会失去很多尝试的机会，只要你自己能够正确看待自己的缺点，这个缺点就不会成为他人进攻的借口。在心理学上，暗示是一种有效的建立自信的方式。

　　有一位王子，长得十分英俊，但却驼背，这个缺陷让王子非常自卑。他在没人的时候常常想，即使不做王子，也不要驼背。老国王对王子非常的疼爱，看到王子这样自卑，心里很难过。于是他决心利用一种"信念疗法"治愈王子的驼背。有一天，国王请了全国最好的雕刻家，照着王子的样子刻了一座雕像。按照国王的指令，刻出的雕像没有驼背，而是直挺挺的。国王命人将此雕像竖立于王子的宫殿前。王子看到了这个以他为模型的雕像，感到十分惊讶。老国王慈爱地对王子说："孩子，这就是以后的你，一个挺胸直背的王子！"在经过了几个月之后，百姓们都说："王子的驼背不像以前那么严重了。"王子听到这些话很开心。

　　从那之后，王子对自己的姿态更加注重，无论坐、站、行，甚至睡觉，都要竭尽全力去做到"挺直，挺直，再挺直！"就这样，经过了很长一段时间，奇迹终于出现了，王子的驼背竟然不药而愈。

　　这是一种很有效的心理暗示，对于那些不自信的人也能起到鼓舞作用。当然建立信心的港湾不仅需要心理上的暗示，更需要正确地面对自己。首先，要正确看待自己，寻找自己的长处。其次，让自己的长处得以发挥，这一过程有助于建立起自信。

　　齐国使者出使到大梁，孙膑以刑徒的身份秘密拜见，用言辞打动齐国使者。齐国使者觉得此人不同凡响，就偷偷地用车把他载回齐国。齐国将军田忌非常赏识他，并且待其如上宾。田忌经常与齐国诸公子赛马，设重金赌注。孙膑发现他们的马的脚力都差不多，可分为上、中、下三等。于是孙膑对田忌说："您只管下大赌注，我能让您取胜。"田忌相信并答应了他，与齐王和诸公子用千金来赌注。比赛即将开始时，孙膑说："现在用您的下等马对付他们的上等马，拿您的上等马对付他们的中等马，拿您的中等马对付他们的下等马。"三场比赛完后，田忌输一场而胜两场，最终赢得齐王的千金赌注。于是，田忌把孙膑推荐给齐威王。齐威王向他请教兵法后，就请他做老师。

这个方法称为扬长避短，孙膑通过这个方式赢得了比赛，我们也可通过这个方式获得想要的自信。须知，获得自信最基本的是要先获得满足感，让自己觉得自己很行。因此，这时的你就要将自己的长处展现出来，并尽可能地发挥。要多做，只有这样才能品尝到成功时的满足感，然后通过一次又一次的满足感建立起自信。

如果一个人始终认为自己不行，那么，在这种思想的影响下，什么都不去做，什么都不敢去做，你就会变得越来越不自信，最终陷入恶性循环。建立自信首先要做的就是破除这个循环，唯有如此，你才能获得自信，让你的人生因自信而发生根本性的改变。

自信，其实只是一种心态，是一种不可见的阳光心态。这种心态并不是与生俱来的，而是需要后天的培养，需要自己去发掘，这个过程也许很漫长，但胜在并不繁杂。一个人只要对自己有信心，就会充满力量。人生的路需要自己去走，无论什么人都不可能替你走完属于你的路，因此，不要过分地顾及别人，过分地去注意别人对自己的看法。走自己的路，让别人去说吧，这样的心态对建立自信是很重要的。自信，其实很简单，就是对着镜子告诉自己："我可以，我能行，我相信自己。"这样的话反复说，就会形成一种习惯，它会进入到你的心里、你的头脑当中，时间久了，自信就培养起来了。当一个人有了自信心，做什么事情都会得心应手。

另外，影响自信的最大因素很可能是外界对自己的影响。如果一个人长期地被他人批评，就会在心里产生自己不如其他人的想法，有这样想法的人十之八九不会有自信。其实，别人对自己的评价终归是他们的看法，我们无须活在别人的世界里，只要做好自己的事就可以了。

没有人能改变自己，没有人能控制自己。现在的人只有将命运掌握在自己的手中，才能改变自己的命运，但掌握命运需要强大的自信，没有自信的港湾，命运就会像漂泊的小船，永远随波逐流，因此，相信自己才能开启属于自己的人生。不要退却，要用勇敢清除一切阻碍自信的障碍，只要面对，你就会发现原来所有的困难都是纸老虎，除了虚张声势外，不会再有其他的手段，建立自信，原来是这么简单。

聚精会神做大自己的蛋糕

在中国传统文化中，专注的精神也是一直被提倡和推崇的。中国人认为专注可以让人变得强大。早在 2000 多年前，荀子在《劝学》中就讲："故不积跬步，无以至千里；不积小流，无以成江海。骐骥一跃，不能十步；驽马十驾，功在不舍。锲而舍之，朽木不折；锲而不舍，金石可镂。"其含义就是告诉人们无论做任何事情都不能半途而废，只有用专注的精神去对待所做的事情，才能最终看到结果。

对人类而言，能够于众生中脱颖而出者实属少数，当你专注地把一件事情做到"道"的境界的时候，事情本身就已经发生了质变。

古代有个纪昌学射的故事。

一天，纪昌去拜师要学射箭，师傅说："你先学会看东西不眨眼睛，然后我们再谈射箭。"纪昌回到家里，仰卧在妻子的织布机下，用眼睛注视着织布机上的梭子练习不眨眼睛。几年之后，即使锥子尖刺在他的眼眶上，他也能不眨一下眼睛。纪昌把自己练习的情况告诉了师傅，师傅说："这还不够啊，还要学会视物才行。要练到看小物体像看大东西一样清晰，看细微的东西像看显著的物体一样容易，然后再来告诉我。"于是，纪昌回去后用牦牛尾巴的毛系住一只虱子悬挂在窗口，面向南方，远远地看着它。十天之后，他看虱子渐渐大了；几年之后，虱子在他眼里有车轮那么大。他用这种方法看其他东西，都像山丘一样大。纪昌便用燕地的牛角装饰弓，用北方出产的篷竹作为箭杆，射那只悬挂在窗口的虱子，穿透了虱子的中间，但绳子却没有断。

一个人专注的力量有多大，恐怕没有体验过的人是无法理解和想象的。一个人对一件事情格外专注，源于对事物的无限激情与热爱，以及由内而外对事物自始至终的喜欢，并享受在专注中体验到的乐趣，感受充实，收获丰富！这就是专注背后的推动力。

以市场为根本的各类型企业更应提高自己的专注力，努力做好企业一直从事的事情，不要被其他的诱惑吸引住目光，以致惨败收场。

一直以来，关于企业是多元化规模发展还是专注细分行业这个决定企业命运的话题，一直都没有结论，但无数的事实却告诉了我们，多元化、规模效应已经难以适应企业生存的需要。专注于一个细分行业，然后持续把企业做大已经成为很多企业发展的战略选择。企业要将目光放在现在的分行业当中，并专注地将这块蛋糕做大。

某知名手机品牌最初从事很多行业，但最终专注于手机，在十年内就成为了手机行业的翘楚，这个成绩足以让世人刮目相看，但最近几年，它却渐渐地没落了，原因是手机软件技术方面短缺，无法满足市场需求。

手机是一个整体的行业，手机软件是手机的大脑，它决定着手机的最终品质，因此，关注手机软件，并注重其相应的开发也是将企业蛋糕做大的一部分。

专注的力量不仅仅是自己擅长的，还要接触自己不擅长的，因为无论自己是否擅长，都影响着自己在这个分行业的地位。

然而，人们对于专注多流于表面，原因在于无论在职场上，还是在生活中，都有"无穷琐事"把我们的脑袋填得满满的，根本无法专注在我们真正想要实现的目标上。这对企业经营者而言是致命的，任何事情都没有企业的发展方向重要。专注地从事某一事业，就会在这个事业上取得成功，这样的成就远比处理一些琐事来得重要。最重要的是，如果企业无法专注地将自己的蛋糕做大，那么，企业就会被不断发展的市场所淘汰，到那时，企业经营者后悔也将无济于事。

因此，从现在起，企业的经营者要提升企业的专注地位，让所有的员工及管理人员都明白，现在所做的事就是企业的未来，只有将这块蛋糕做大，企业才能发展下去，员工才能在企业的发展中实现自我价值。

先有好产品，再谈竞争才靠谱

中国有句老话叫"事实胜于雄辩"。企业的竞争也是建立在事实的基础上，这个事实就是通常所说的好产品。好产品的标准是什么？就是一定要追求品质。因此，销售与产品的品质是成正比的。品质最简单、最精确的定义就是让客户感到满意。而作为消费一方，产品质量无疑是衡量满意度的标准，一个好的产品无须过多华丽的辞藻就可以达到让消费者认可的最终目的。

质量是品牌与消费者之间的直线，有了它，我们完全可以取道最短的距离。企业之间比服务、比价格，唯一无法替代的就是产品的品质。因为品质是做出来的，而不是检查出来的。只要有严谨的品质观念，企业就能做出一流的产品。世界上任何一种高品质的产品都经历过不断改进的过程，而这个改进的过程一定少不了顾客的参与。产品质量的好坏由顾客说了算，只有提升产品的品质才能增加顾客的满意度。

美国有一家地毯公司，一向都注重产品的质量和服务的品质。

在产品出库发给客户前，他们都会测量地毯的稳定性、分子量的分布、单体元素反应的百分比及韧性等，并向客户保证："你所拿到的是质量最好的产品。"但是，意外的是，有一位欧洲客户却将货退回来了，声称："你们的产品不能通过我们的 rocl－stool 测试。"所谓 rocl－stool 测试就是把一张有滑轮的办公座椅放上一些重物，然后在做测试的地毯毛皮上转 1 万圈。如果地毛与发泡塑料彻底分开，就算质量不过关。最后，美国的这家地毯公司按照欧洲客户的要求与测试方法，提供给客户能经受 8 万圈的产品。

事后，这家地毯公司写了一封足足 8 页的感谢信去感谢这位欧洲客户："是你们严格、善意的要求使得我厂生产的地毯更有市场竞争力。感谢你们！"

　　要建立足够数量与品质的未来客户以确保企业能如期达成或超过你的销售目标，质量就是关键。

　　质量就是生命，效益决定发展，在竞争激烈的商场上，质量是赢得客户信任的基本砝码。有了好的质量，企业才能占有市场份额，实施名牌战略，占有优势地位。质量关乎着一个行业的兴衰，一个企业的发展，一个地区的繁荣，甚至一个国家经济的起伏。

　　好的产品除了有好的质量外，还需要配备其他的软硬件设施，比如，良好的销售终端及良好的售后服务等，这一切共同组成了好产品的概念。

　　企业的发展以产品的竞争力为动力，如果企业的产品没有得到市场的认可，那么，企业所有的行为都是一种浪费时间的行为。反之，如果产品被消费者所接受，成为消费者认可的产品，那么企业的发展也会随之顺风顺水。

　　企业在生产产品前，首先要做详尽的市场调查，这是为生产好产品铺路；其次为产品进行定位，这是寻找客户群的举动；最后一步才是生产好的产品。因此，一件好的产品需要多方面的努力。当然，好产品在市场当中有极强的竞争力，企业只有生产出好的产品，才能去谈竞争，否则，所有的竞争都是短暂的、恶性的，而这样的竞争方式注定无法长存。不要轻视消费者对产品的关注度，货比三家常常是消费者购物前的准备。

　　好的产品除质量、服务外，价格也要让潜在的客户动心，这三个条件无论缺少哪一个，产品的竞争力都会下降。因此，制造好产品，考虑的因素很多，作为经营者要将所有的因素考虑全面，唯有如此，企业产品的竞争力才能得到提高和加强。

不让外界成为决策的"风向标"

每个人都有自己对事情的看法，对他人而言，这种看法可能不够全面、不够正确，但却代表了自己的观点，代表了自己对自己的了解。不要让别人的建议影响你自己的正确决定。须知，任何一个人的观点都不可能与他人完全重合，这也是人与人之间的区别所在。你自己的观点无法影响别人，但却影响着你自己的生活。决定你是快乐还是不快乐的人也是你自己，没有人可以影响到你。当然，这需要你达到一定的境界，当我们真的不受外界影响时，才能让快乐停留在自己的手中。

曾听过这样一个故事：

有一次，一个人和他的朋友在家附近的小超市买东西，这个人平时的时候就很有礼貌，当他购完物后，像往常一样对店员说了声："谢谢！"但这个店员的服务态度实在有待提高，他并没有理会，甚至连头都没有抬一下。当他们走出超市后，朋友对这个人说："那家伙服务态度真差。"朋友听后笑着说道："他每天都这样。"朋友感到不解："既然如此，你为什么还要对他那么客气呢？"这个人的回答让朋友感到意外："为什么我要让他的态度来决定我的行为呢？"

对待这样一个小故事，每个人的理解都会不同，比如，有的人称赞这个人的心胸宽广，有的人批评那个店员的职业道德不够好。但所有的关键都在最后一句话上面，即人们自己的行为得由自己决定。

可是现实中又有多少人能做到呢？苏珊·布莱克摩尔在《谜米机器》一书中提到过，人类区别于动物而成为人的是所拥有的模仿能力。其实，这个能力最初体现在小孩子身上，他们的模仿能力是最强的，那是因为他们才刚刚接触世界，无法真正地了解世界，他们的世界与成人的世界是不同的。因此，他们需依靠模仿来渐渐地走入这个世界。不可否认，由于人类模仿的天性，环境对一个人成长的影响是相当大的。

但在成人后，每个人的思想都会发生变化，学会自主的思考。这就是成人与孩子的根本区别。

企业的经营者是成人中的佼佼者。他们拥有很高的智慧，拥有对事情准确判断的能力。但企业的经营者也会犯孩子般的错误，比如，在决策时过于注重他人的意见。

在整个企业当中，没有人比企业经营者更了解企业的内部情况，同时，也没有人比他们更了解市场的变化。在这种情况下，企业经营者过多地听取他人的意见只会影响自己的决策方向。

很多企业经营者在做决策时，总是习惯性地向同行看齐，这样的做法就是不自信的做法，即便是同行，企业的内部情况也不同，发展方向、客户定位等也都有所区别，在这种情况下，同行的决策只能作为参考，而不能让其影响到自己的决策方向。因此，企业经营者要拿出应有的自信，不要让外界的所有因素成为影响企业决策的方向标。

心浮者难沉，气躁者难静

内心的平静能将我们带入一个奇妙的世界，老子曾说"静能生慧"，内心的安静可让我们有更多的思考，产生更多的智慧。其实，静既能生慧，也能知福。什么叫"静能知福"？即在内心平静的情况下感知幸福。如果一个人无法平静地跟他的内在在一起，他就无法觉知幸福的存在。

如果你能够知道宁静在哪里，你就能够跟幸福在一起，发现幸福，而不是制造幸福。在爱情的世界当中，有些人将浪漫当成一种幸福，而刻意地去制造浪漫，但这个世界上不可能每一天都充满惊喜。就像送鲜花一样，即使每天去送，时间久了，惊喜的效果会慢慢消失。浪漫是一种刻意的行为，幸福却是一种感觉。如果你能连接那个感觉，没有玫瑰花的情人节也会很幸福，你会发现真正的幸福不在于你有多少铺张，有多少外在光芒，而是有多少的觉察能力，而这一切都是内心平静的结果，因此，在生活当中，静能知福。

在一个月高云淡的夜晚，寺庙旁的小溪边坐着活佛，活佛既没有欣赏月色，也没有看着流动的小溪，而是闭着眼睛静静地坐着。这时，一位游客走到活佛的身旁，问道："请问活佛，修心的要领是什么？"活佛静默无语，好像没有听到这番问话一样。游客看到这样的情形，于是又开口了："请问您听到我的问话了吗？"活佛睁开眼，看了一眼游客，平静地说："我已经听到你的问话，而且做了回答！宁静就是答案，就是修心的要领。"游客看着活佛，以为活佛是想让自己安静，但他还没有得到想要的答案，接着问道："我知道我影响了你的修行，但我的悟性不够，您能不能说得更具体一点？"活佛无奈只好就着旁边的泥沙地，用手指写了两个字"静心"。游客还是不明白，又问了一遍，于是活佛又写了一次"静心"。游客看后，有些失望，于是说道："看来您是不愿教化我，我如此诚心，您都不多说一些，看来我与您真的是无缘了！"

活佛认真地看着游客，开口说道："在你第一次问我的时候，我就给了你答案，静心是醒觉的空间；无语可以帮助我们入静；做到静心就是修心。"游客听了活佛的话，没说什么，转身离开了，因为他明白了，原来他无休止地提问不但让活佛无法静心，自己也无法去修心，因为只有静心才能修心。

净心无尘、本体清现，无欲无求、我心自在。人的心原本是空的，纯净自然的，这是心最初的状态，但生活和环境以及我们的态度让我们的心随着成长添加了无数的内容，让心变得越来越沉重。责任心、爱心、善心、慈悲心、包容心、感恩之心……人们将自己的心贴上各式各样的标签，这些标签都是正面的，是人心的一种美德，但不是每种标签都是充满正能量的，任何事物都有两面性，有好就有坏、有美就有丑、有善就有恶、有爱就有恨。人心本就是矛盾的，无法静心会让自己的心无从选择，甚至偏离本体方向。对于身边发生的事情，我们要尽可能不去多想，越想静心心越不静，求取净心心难净。

内心平静能让我们排除已形成的负面能量，在静心的时候，人的大脑会放空，处在最放松的状态，将五官进行有意识的自我封闭，让心静下来，用不带任何污染的心去感知身边的幸福。

平静也需要环境，如果周围的环境太过喧嚣，就会影响静心的效果，无法静下心来，自然也就无法体会到幸福的存在。

一个人静静地坐在温柔的阳光下，闭上眼睛想一想自己的人生，用悠闲的心态去感知周围的一切，让原本年轻却又苍老的心瞬间恢复活力，在这样的状态下，人的心更容易静下来。即使在炎炎的夏日里，也总有那一丝让人说不出的清凉，这丝清凉就来源于人们的内心，平静的内心往往能够自动屏蔽酷暑。在傍晚的时候，街道上人们三五成群，各自聊着轻松愉快的话题。每个人每天会因为自己的各种追求而苦苦劳作，目的是为了能在人前显贵的那份荣耀，至于人后受罪的那份痛苦，只有当事人微笑着咽下。其实人生本来就是一种境界，无论你信佛也好，信神也罢，但你想要的，最终还是要依靠自己去争取。在这个奋斗的过程中，所谓的神就是一种至高无上的意境，是催人向善的动力，它只存在于人们的想象当中，是没有实体的。

"人"这个字只有两笔，是中国汉字当中最为简单的字之一，但有些人在做人时，却将它做得十分复杂。其实，一个人只要做到不违背公理，积极向上努力地把握每一天，用心去感知身边的一切，用一颗平常心去看待过程中的苦与乐，遇事冷静、不激动，将命运掌握在自己的手中，不让任何事情干扰到自己，这时的你就能够做到心静，人生本就是充满变数的，心静才能得到自己想要的，才能真真正正的幸福！

何谓幸福？或许每个人的回答都不尽相同，但在新华字典对此给出的注释是："幸"指意外的收获或免去灾害，包含"高兴""希望"的意思；而"福"则跟"祸"相对。

其实，与一些具体的东西相比，"幸福"是抽象的，我们甚至无法用准确的定义去形容它。幸福对一个人而言就是一种感觉，是属于内心的东西。只有心静才能感受到幸福，体会到幸福的内涵。每个人生活在这个世界上，都会因时期的不同、境遇的不同而产生心态的不同、需求的不同。这些变化是在不知不觉当中发生的，但却真正对我们的幸福产生了影响。可以说，在不同时期，幸福的来源也是不同的，只有静心才能感受到幸福的存在。

真正的幸福是孕育在平淡之中的，那些渴望波澜壮阔人生的人只是在为自己的幸福设置障碍。在我们还很年轻的时候，就幻想自己成为电视当中男主角或女主角，希望自己的爱情或生活也变得精彩起来，虽然这份精彩是以坎坷为代价。随着年龄的增长，幸福开始回归平淡和简单，干渴时的一杯水，站累时的一把椅，困倦时的一张床，黑夜时的一盏灯……这些简单的最基本的需求，却是幸福的所在。

一个人的幸福在于自身的态度，心静是本质，而知足则是动力。静能生安，静能生福。一个人的幸福多少与他所拥有的成就是无关的，也与他生活的环境无关，只需一颗平静的心，就能让幸福围绕在自己的身边。只有心静，才会避免"心浮气躁"。在做任何事情时，我们都不要自以为是，不要怨天尤人，摆好自己的位置，相信努力才能创造一切，不要好高骛远，在顺与不顺中找准平衡点。如果我们能达到这样的心态，那么，这才是真正意义上的心静。

"一个人不能有太多的欲望，静下心来，享受现有的生活，保持一种平常、淡定的心态，人生之路就会走得从容，也不会错过人生美丽的风景"。一个人在为自己着想的时候，也要考虑到别人。这是做人的基本原则，只有凡事以这个原则为基础，才能让自己做到问心无愧，不致心浮气躁，从而找到内心的坦荡与平和。心静则安分，安分则知足，知足则快乐，快乐则幸福。

静能知福。佛家有云，兔、马、象三兽渡河，足有深浅，但水无深浅；老鹰、乌鸦、麻雀三鸟飞空，迹有远近，但空无远近。现在的社会已经发展到我们必须加快脚步才能生存的地步，个人的力量无法改变社会的进程，但却可以保持自我心跳的节奏。只有完成了平静的历程，心灵才可腾出感知幸福的空间。

我们的心要像天空一样，保持天然的纯净，对自我的要求，既不必虚幻高远，也不必妄自菲薄。即使我们只是空气当中微不足道的一粒小尘埃，也拥有用最美丽的姿态去飞翔的权利，释放出幸福的味道。

心静则无欲，无欲则平和，平和则知福。静能知福由此而来。拥有静心，心灵就会得到安宁，一颗安宁的心会抚平焦虑的情绪，即使平平淡淡，依旧能在这种平淡中感受到幸福的所在。静下心来吧，让我们用一颗宁静的心去感知关爱和幸福。

控制好情绪，管理好时间

情绪是人们对客观事物的体验，是主观对客观的一种感受：保持乐观向上的精神状态、让自己进入洒脱豁达的境界就等于掌握了生命的主动权。掌控人生，从情绪开始。

人的情绪对健康影响极大，愉快的情绪会给人带来健康，悲观的情绪会给人带来负面影响，继而诱发各种疾病，使原有病情加重。喜怒哀乐是人之常情，生活中一点烦心事也没有是不可能的，关键是如何有效地调整控制自己的情绪，做生活的主人，做情绪的主人。

善于处世需要良好的心理素质，这是人所共知的，一个人是否能控制自己的情绪，使自己适应不同的办事对象、办事环境至关重要。

处险而不惊，遇变而不怒。如果你不能及时调整自己的情绪，那么，在现在这种复杂的群体中，你将寸步难行。所以，学会控制自己的情感、自己的行动。门被砰然地关上、玻璃杯被砸碎、一阵咆哮声……在被人无情地冒犯之后，在办事时犯了一些不该犯的错误之时，我们该如何控制情绪呢？

我们是否会动辄勃然大怒？也许你会认为发怒是生活中的一部分，可你是否知道这种情绪的发作根本就无济于事？也许，你会为自己的暴躁脾气辩护："人嘛，总会发火、生气的。"或者说："我要不把肚子里的火发出来，非得憋出病来。"尽管如此，愤怒这一习惯性行为，连我们自己也不喜欢，更何况是其他人呢？

《你的误区》的作者韦恩·戴埃说："你应对自己的情感负责。你的情感是随思想而产生的，那么，你只要愿意，便可以改变对任何事物的看法。首先，你应该想想，精神不快、情绪低沉或悲观痛苦到底有什么好处。而后，你可以认真分析导致这些消极情感的各种思想。"

> 一位演讲人站在一群嗜酒者面前，决心向他们清楚地表明酒是一种绝无仅有的邪恶之源。在讲台上，摆着两个相同的盛有透明液体的容器。演讲人声明：一个容器中盛有清水，而另一个容器里则装满了纯酒精。

> 他将一只小虫子放入第一个容器，在大家的注视下，小虫子游动着，一直游到了容器边上，然后径直爬到了玻璃杯的上沿。这时他又拿起这只小虫子，将它放入盛有酒精的容器，大家眼看着小虫子慢慢死掉了。

同理，在我们办事的过程中，愤怒、沮丧就像酒一样，它可以使我们在即将办成事情时功亏一篑。

我们可以这样设想：当一个人无意中触痛了你的敏感之处，你就不假思索地乱喊乱叫，大家对你的印象还会好吗？当人家同意你的一个问题时，你就高兴得手舞足蹈，他们对你的印象还会好吗？也许他会认为你为人太过幼稚了。

麦克科·迈克说过这样一个例子：

> 一个早期六的上午，他去见某公司主管，约见地点是他的办公

室。主人事先说明谈话会被打断 20 分钟，因为他约了一个房地产经纪人，他们之间关于该公司迁入新办公室的合同就差签字了。

由于只是个签字的手续，主人允许麦克科·迈克在场。

这位房地产经纪人带来了平面图和预算，很明显他已经说服了他的客户，就在稳操胜券的时候，他做了一件蠢事。

这位房地产经纪人最近刚刚与该公司主管的主要竞争对手签了租房合同。他大概是太兴奋了，仍然陶醉在自己的成功之中。他开始详细描述那笔买卖是如何做成的，接着赞美那个"竞争对手"的优秀之处，称赞其有眼力，很明智地租用了他的房产。麦克科·迈克猜想接下去他就要恭维这位公司主管也做出了同样的决策。

该公司主管站了起来，谢谢他做了这么多介绍，然后说自己暂时还不想搬家。

房地产商一下子傻眼了。当他走到门口时，该公司主管在后面说："顺便提一下，我们公司的工作最近有一些创意，形势很好，不过这可不是踩着别人的脚印走出来的。"

房地产经纪人在关键时刻忘了对方，只顾着陶醉于自己已取得的推销成果，而忽略了买方也有做出正确抉择的权利。

可见，学会控制自己的感情情绪对工作是十分重要的。不论在与人交往过程中发生了什么不如意的事，都不要轻易发作情绪，一旦发作，无论对人对己，都不会有好结果。所以，要学会控制情感！也许这对绝大多数人来说不那么容易，但我们却有必要这样做，因为这是成功处世的必要心理基础。

你现在的心情如何？是欢乐、烦恼、生气、担心、害怕、难过、失望还是平静无常呢？也许你根本无法看透自己的心情。有人会怀疑一个人怎么可能不知道自己心情如何呢？其实问题的根本并不在于心情的本身，而在于你的情绪表达方式。如果能以适当的方式在适当的情境表达适度的情绪，这就是健康的情绪管理之道。对个人而言，生活中所面临的许多事都是具有威胁性的，有些事情大到足以引起内心焦虑，但在其他人看来却只是芝麻绿豆大，然而对个人而言，却可能意味着个人形象、价值感、自尊心的折损和破坏。正是因为如此，人才会方寸大乱！此时，你需要做的就是对自己的情绪进行操控，努力让自己平静下来。

一个人的烦恼除情绪外，还有时间，无所事事的人总认为时间是无限的，其实，时间是这个世界最无情的，一旦过去，我们将无法挽回。因此，懂得管理时间也是企业经营者所必备的素质之一。

对企业经营者而言，时间的管理主要表现在提高效率方面，没有效率就等于浪费时间。6点优先工作制就是一种有效管理时间的方法，该方法是效率大师艾维利在向美国一家钢铁公司提供咨询时提出的，它使这家公司仅用了5年的时间，就从濒临破产一跃成为当时全美最大的私营钢铁企业，艾维利因此获得了2.5万美元咨询费，故管理界将该方法喻为"价值2.5万美元的时间管理方法"。

这一方法要求企业经营者把每天所要做的事情按重要性排序，分别从"1"到"6"标出6件最重要的事情。每天一开始，要先全力以赴做好标号为"1"的事情，直到它被完成或被完全准备好，然后再全力以赴地做标号为"2"的事，以此类推……艾维利认为，一般情况下，如果一个人每天都能全力以赴地完成6件最重要的大事，那么，他一定是一位高效率人士。时间管理不是完全的掌控，而是降低变动性。时间管理最重要的功能是通过事先的规划做一种提醒与指引。

情绪和时间对企业的经营者而言，虽然是个人的事情，但却影响到整个企业的效率及工作氛围，因此，企业经营者有效地管理好自己的情绪和时间，将更有利于企业的健康快速发展。

"做好自己"宣扬的不是自我性

一个人的个人形象并不只是为个人所准备的，而是出于一种社交或尊重的需要，做好个人宣传也是工作和生活的一部分。

在社交当中，第一步自然是自我介绍。

"自我介绍"和"介绍别人"是社交的重要形式。介绍不仅可以结识许多新朋友，而且可以及时地消解许多不必要的误会。采取不同的方式介绍同一件事，给人的感觉大相径庭。

把自己或他人介绍给另外的人有许多方式。一般来说，自我介绍就是自我推销。在社交场合，为了工作或其他需要，我们经常要做自我介绍。聪明的人总是抓住这一机会，在介绍自己的同时，更大力介绍本地特色或本单位产品和业务，以达到促进事业、推进工作的目的。

与人交往是让双方彼此熟识，自我介绍是其中最关键的一步，在众多人名中，如何让对方记住你，是需要用心去考量的。一个与众不同的自我介绍更容易让对方记住你。"你好，我是×××"这种介绍方式比较常见，但却了无新意，如果我们换一种说法："我的名字与一位×××名人有缘，我们有个相同的名字，只是姓不同，我叫×××。"与名人相连就会给他人留下深刻的印象。

介绍自己要客观，但却不可得意忘形。中国有句话叫"乐极生悲"，太过开心，就会让事情发生逆转。

　　小刘平时有集邮的爱好，在一次社交中，他认识了一个同样有着共同爱好的陈平，于是两人在交谈中颇有相见恨晚之意。但小刘有个毛病，就是谈起集邮便忘乎所以。他对着陈平大讲他的集邮史和心得，并对陈平的集邮方式提出质疑。这让自认为是集邮高手的陈平极为不满，认为这是对他努力的一种践踏。在这次交谈后，陈平再也没有与小刘进行交往。虽然小刘几次提出见面，但都被陈平以各种借口推托了。两个有着共同兴趣爱好的人却因小刘的得意忘形而成为再也无法相交的平行线。

　　在说话时，我们要注意对方的表情，如果对方对你的话表现得心不在焉，"自我介绍"就要到此为止。这时，给对方说话的机会才是最为恰当的。要记住，交往不是一个人的事情，不能总是以自我为中心，有这种出发点的人交往的开展往往是不尽如人意的。

　　在这个世界当中，没有一个人能随随便便的成功，如果连基本的社交礼仪都不知道，那就连正常的生存都成问题。没有人愿意与一个不懂礼貌的野蛮人交往。社交礼仪中的穿着打扮和言谈举止尤为重要，就算是没什么地位的人，良好的社交礼仪也可以让人不卑不亢、气宇轩昂。这是一种修养，也是在群雄逐鹿的社会中竞争的重要资本。

　　虽然当今社会是一个物欲横流的社会，但是社交礼仪早就渗透到了生活的各个角落。不管是当官管理下属、为百姓服务，还是从商管理企业、与人合作，甚至是普通人的修身和待人接物，都离不开社交礼仪。

　　社会上有很多人误解宣传自我的行为，认为这是一种典型"老王卖瓜，自卖自夸"的行为，但事实却并非如此。这是一种自我包装的行为，就像产品一样，任何一件好的产品都需要好的包装来衬托。人也是如此，宣传自己只是给外界传递一种正面的信息：我是一个值得相信和优秀的人。

　　毛遂自荐的故事发生在战国时期，秦国军队包围了赵都邯郸。赵王派平原君去说服楚王与赵国结盟出兵，解救赵国。此时，有个名叫毛遂的门客自我推荐说："让我去吧！"平原君虽然心存怀疑，但听毛遂自信满满，平原君便同意带他一同前去。正是毛遂的自荐成功地解决了结盟出兵的问题。

如果毛遂没有自荐，那么他可能永远只是平原君门下一名普通的门客。所以，抓住机会，自我宣传才能让自己脱颖而出。

企业的经营者要重视自我宣传，个人宣传的方式除了采用传统的自我介绍和社交外，还需要借助一些媒体，通过参与媒体的一些活动，发表自己的观点，从而让人们对其形成认同。

现在的社会已经不需要经营者永远在幕后，反而需要他们主动宣传，成为明星企业家，这会极大地促进企业的发展。企业经营者个人的形象已经和企业的形象挂钩，因此，个人的宣传也是企业发展的一部分。

造福世界的价值才是真正的竞争力

　　一家企业的价值不是体现在赚取了多少财富，而是看它对这个世界的价值。一般而言，企业的价值不但体现在成功的商业模式上，还体现在对社会的责任上。企业如果能够两者兼顾，那么，这个企业就是极具价值的，而这份价值会转换成企业的竞争力，从而让企业在市场竞争中如鱼得水。

企业全新的商业模式让人们看到了另一种成功的可能，它让每个保守的企业明白原来创新才能活得更好。从这个意义上来讲，创新的商业模式推动了商业思维的变革，让人们的头脑得到启发，从而开拓出更多条商业之路。

这样的价值绝不是用金钱能够衡量的，这是引发头脑风暴的价值，这样的价值开拓了人们的思维，解放了人们长期被某种商业模式约束的思想，因此，它的价值不低于开发一款崭新的产品，而全新的、有价值的商业模式就是企业的竞争力。有了一个好的商业模式，成功就有了一半的保证。

好的商业模式具有生命性，一个世纪前，金·吉利通过赠送产品赢得了财富，创造了一种新的商业模式，到现在各商家都用打折或买一送一的方式来促销。当然，现在的这种方式已经不能称之为商业模式，但我们可以想象，这种方法最初曾引起怎样的轰动，这就是商业模式的魅力所在，它总是能让第一个创造者成为最大的受惠者。可见，商业模式的创新既有造福世界的价值，也是企业的竞争力所在。

企业的社会责任也是造福世界的价值。企业的发展不应只是一味地追求经济效益，在财富取之于民的时候，也要想到用之于民，应该承担起对社会、资源、环境、安全的责任，保护弱势群体、支持公益事业等。有些企业认为，这些付出对企业的自身发展意义不大。因此，很多企业不但不主动承担社会责任，反而尽可能地逃避责任。

这就是企业经营者目光长远与目光短浅的区别。社会责任关系着企业在普通人心中的印象，如果一个企业毫无社会责任感，人们如何相信这个企业能制造出让人相信的产品？一旦企业的形象受到质疑，产品必定首当其冲。因此，社会责任不是一种义务，而是企业与社会之间进行的一场双赢贸易。

　　企业的经营者要将自己的目光放在企业的长远发展战略上面，不要纠结于一时的得与失。企业花巨资做广告的目的也是让潜在的客户了解自己，但这与创新的商业模式及企业的社会形象相比，作用是十分有限的。通过广告，客户了解的是产品，是外在；而通过商业模式和社会形象，客户了解的是企业自身，是内在。

　　企业的竞争力是多方面的，产品只是最终的一个实物，而看不见的商业模式和社会责任也是企业竞争力的双刃剑。他们是企业造福世界的价值，运用得当的话，这两者就会转化为企业的竞争力，从而让企业更快地在市场当中脱颖而出。

第五章 和谐自律

以爱为导向的共赢模式

志士仁心，真爱无敌

企业的经营者不但要有远大的志向，还要有一颗懂爱的心，这个世界上没有任何力量能够与爱相比。爱让我们超越自我，爱让我们创造奇迹。

一个人只要心中有爱，就会将所有的热情都投入所爱的事情当中。有的人将爱投给了需要保护的人，有的人将爱投给了事业。

在迈克尔·杰克逊的心中，有着对孩子的爱，他将自己的爱进行传播。正是因为自己失去了快乐的童年，他才会对孩子倍加关爱。虽然身为"流行音乐之王"，但他在孩子面前却是如此地和蔼可亲，就像是一个永远长不大的孩子。迈克尔·杰克逊对孩子的爱做到了"幼吾幼，以及人之幼"，他为有病的孩子、无助的孤儿建起了占地1600英亩的"梦幻庄园"，为慈善事业捐助了高达3亿美元，而其中大部分是捐给孩子的，他的爱给了最需要保护的孩子们。正是由于迈克尔·杰克逊的乐善好施，他曾两次被诺贝尔和平奖提名，并且作为捐助慈善事业最多的艺人而被载入了吉尼斯世界纪录！而促使他投入慈善事业的动力就是心中有爱，没有爱的人是无法做到如此投入的。

那么，在你的心中，是否也存在着一份爱？我想答案是肯定的。每个人的心中都有爱，心中的爱，为你的成功找准了方向盘；心中的爱，让你在这个世界当中活得更有价值；心中的爱，让你用行动来诠释大爱无疆的真正含义。

当然，这只是我们个人的爱，这些爱多投入到了人的身上，但有些人却将自己的爱投入到自己毕生从事的事业上。在他们的心中，事业就是自己所爱的人，没有事业，就没有自己。

在爱迪生的心中，就存在着他对科学的爱。在人们的想象当中，爱迪生应该是聪慧过人的，但事实却并非如此，他并不是什么"天才"或"神童"之类的人。但是，就是这样一个普通人，却在世界科学史上有着不可动摇的地位，对人类发展起着举足轻重的作用。

众所周知，爱迪生在走向成功的路上，仅仅为了发明电灯，就足足经历了 10000 次失败！或许这个数字对普通人而言十分庞大，大到令人瞠目结舌、难以置信，但却是千真万确的。在科学的道路上，有无数的人投入其中，也有无数的人知难而退，无数的人被失败打垮，但执着的爱迪生用他的不懈努力在字典上光荣地添上了"电灯"一词。他为什么会有如此的执着精神？归根结底，就是他心中有爱，有对科学事业的无比热爱，正是这份爱，让他在无数次的失败之后，仍旧走上了成功之路。

"爱"这个字从被创造出来以后，就一直创造着奇迹。一个人一生中会经历多种爱，亲情是爱，友情是爱，爱情也是爱……爱的力量有多么强大，没有体会过的人是永远无法知道的。爱是无形的，是不需要比较的，爱可能是这个世界上最被认可的自私。付出爱与得到爱的一方都是幸福的。爱是一切的源泉，我们人生点点滴滴中都离不开爱，我们的灵魂也在爱当中升华。

企业经营者也需要爱的力量，一方面对员工关爱，另一方面对事业热爱，最后还要对自己的家人投入爱。这些爱共同作用，才会让企业经营者无论在家庭还是在事业上都获得圆满。

有爱的品牌才能赢取天下

在爱的世界中，是没有减法这一运算法则的，一旦爱少了，问题就会变得多起来。生活中的每个人都害怕问题，因此，为了减少处理问题的麻烦，你的爱就只能加而不能减。

爱是最简单的加法，简单到"1＋1"的程度，之所以这样简单，是因为爱从来都是一点点在增加的。如果生活中的爱一下子增加到让你无法运算的地步，这样的爱就会让人无法承受，而无法承受的结果就是让双方都崩溃。因此，爱的表达需要适度，人的爱如此，品牌的爱也是如此。

对企业而言，有爱的品牌虽然能够帮助企业快速地占据市场，但同时，品牌的爱是无法诉诸口的，只能用含蓄的方式来表达。于是品牌故事就成为一种传播品牌爱的媒介。

故事是人们精神诉求的外在表现，好的故事犹如一首好歌，让人们在听过之后，仍有余音绕梁三日的感觉。这种感觉是美好的，值得回味的。下面这个例子可以更清楚地让我们感受到故事的力量。

　　1961 年，根据楚门·卡波特的小说改编、由好莱坞著名影星奥黛丽·赫本主演的《Tiffany 的早餐》成为美国电影中的经典之作，那个从农村来的女孩梦想拥有 Tiffany 的首饰。直至半个世纪以后，《Tiffany 的早餐》中奥黛丽永远的微笑依然停留在世界各地的 Tiffany 专卖店中。Tiffany 代表着早餐的世界，一个更幸福、更奢华、更绚丽的世界。虽然在珠宝店里流连的女性不断转换，虽然倾城美人和倾城珠宝会渐渐远去，但这份对于 Tiffany 的梦想将一代一代地传承下去。

　　故事是梦想的延伸，且已成为品牌的生产力，没有故事的品牌无法得到真正的成长。"故事具有天生的吸引力"，它就像一幅美丽的风景，让人们不由自主地被吸引，并最终为之折服。这是人们对美好事物的一种向往，有了这种向往，生活才会变得更加积极、更加有动力。

　　在购买某物品时，我们常会偏向于其他顾客的心得分享，从而来决定自己的购买行为。这种行为说明，人们在购物时，并不是完全自主的，而是容易受外界影响。在品牌的发展过程中，故事无疑是打开人们精神大门的钥匙，有了它，品牌也就有了进入人们内心世界的通行证。

　　品牌故事向客户传递了爱的信息，当然，这种传递很含蓄，但却符合中国人的个性，因此，很容易产生共鸣。这就是中国人喜欢故事的原因所在。

　　品牌在传播爱的过程中，体现了对客户需求的关注，这份关注足以打动客户的心，因此，有爱的品牌更具市场竞争力。

与员工一同播下感恩的种子

爱与感恩同在。没有感受到爱，我们就永远不知道感恩是什么。

人的一生，无论成败，都会得到很多人的帮助和关心，比如，父母、老师、朋友等，这些人让我们的成长变得更有意义。正是这些让我们有勇气去渡过一个个难关，一步步靠近成功。我们不可以对这些视而不见，要怀着一颗感恩的心。

只有懂得感恩的人，才会懂得珍惜，失去过的人都知道珍惜的重要性。因此，我们要趁着现在还拥有的时候，感恩他人对我们的帮助。

一个人生命当中，可以缺少一些物质方面的东西，但不能让精神世界也变得贫穷。爱与感恩就是精神世界最主要的存在，没有了它们，我们即便拥有了世界，也是毫无意义的。

爱与感恩的背后是动力和信念。只有一个知道爱与感恩，懂得爱与感恩的人，才会在遇到困难的时候有信心、有毅力坚持克服。让自己的心在爱与感恩当中获得力量，从而得到升华。

现在拥有"受人滴水恩当以涌泉报"思想的人越来越少了，人们的价值观已变得现实起来，一切向"钱"看。这并非人们本性如此，而是人们自己亲身经历或朋友的经历都告诉他们一件事情：现在的社会也有农夫和蛇，并且数量不少。

在一个寒冷的冬天，农夫在回家的路上看见一条正在冬眠的蛇，这个农夫误以为其冻僵了，出于好心，就把它小心翼翼地揣进怀里，用暖热的身体温暖着它。那蛇受了惊吓，被吵醒了。于是它出于自卫，用尖利的毒牙狠狠地咬了农夫一口，使他受了致命的创伤。农夫临死的时候痛悔地说："我欲行善积德，但学识浅薄，结果害了自己，遭到这样的报应。"

生活不是故事，也不需要像故事那样荡气回肠。但感恩是我们每个人都应有的，一个不懂得感恩的人必是一个寡情薄义之人，没有人愿意与这样的人成为朋友，甚至会认为成为他们的敌人对自己都是一种侮辱。

常怀一颗佛心、一颗感恩的心可以使我们在烦躁的都市生活中寻找到宁静。当我们受到别人恩惠的时候，我们要时刻提醒自己，不要做一个忘恩负义的小人。对那些曾经帮助过我们的人，要心怀感恩，当他们有难时，我们也要伸出援助之手，让他们知道，原来这个世界并不是那么冷漠。人与人之间的帮助是建立在感恩的基础上的，有了这个基础，人与人之间的关系才会由利益变成温暖。

　　一位美国职员每天上班路过一个路口时，都会把一美元给一个老乞丐，这样持续了很久。有一天，老乞丐伸出手来的时候，职员并没有把一美元交给他。老乞丐很奇怪，问为什么。职员说："我原本孤身一人，自己吃饱全家不饿。可我现在有了妻子，以后还会有孩子，花费太大，我没有能力每天再给你一美元了。"老乞丐勃然大怒："你怎么可以把我的钱给你的老婆孩子呢？真是岂有此理！"

这个乞丐就是一个不可理喻的人，他将好心人的施舍当成一种理所当然，这样的做法本身就是心态有问题。

企业当中，经营者与员工都应懂得感恩，只有这样的企业才能形成一种爱的氛围，彼此的关系才能更加融洽，而融洽的关系往往关系着企业与员工双方面的利益。对企业而言，员工开心，企业的工作效率就会提高；对员工而言，良好的工作环境才能让自己保持一个良好的心情，从而让自己的发展更加一帆风顺。

每个企业的经营者都应与员工一同种下感恩的种子，让感恩的情感在企业当中存活、生长，从而创造一个处处充满爱的企业环境。

我的目标是山顶而不是对手

有人说："真正的自由不是你想做什么就做什么，而是你不想做什么就可以不做什么。"从表面上理解，这两句话有着类似的含义，但深入其中，我们会发现，这句话指出了梦想与现实的差距。前半句否定了我们的梦想，后半句指出了现实，这就是梦想和现实的妥协，做任何事情都不能一步登天，要徐徐向前。

喜欢登山的朋友都知道，最终目标从来都是山顶，周围其他的人只是过客而已。面对这些过客我们不必心存竞争之心，因为，他们与我们一样，目标都只是山顶而已。因此，登山的过程是与自己竞争的过程。只要我们坚持自己心中的信念，一步步踏上梦想的顶峰，就能够看到山顶的风景。

做企业的过程也是一个登山的过程，每个行业都有无数的竞争对手，这些对手也在攀登同一座山峰。如果企业经营者不将其他的企业视为对手，而只是像一个登山者一样，将其看成一个过客，那么企业在发展中就可以少很多不必要的压力。每家企业无论从事哪个行业，都会遇到竞争，这是在所难免的。因此，企业需要明确自己的目标，究竟目标是山顶，还是与你一同爬山的人？如果是山顶，那么就请专注于你的目标，不要去关注身边同行的人，因为，即便你投入了所有的关注，你也无法达到自己的目的，既然如此，何必去无谓地消耗自己的精神呢？

《列子·汤问》中有一个故事，有个名叫詹何的人用一根细细的蚕丝做钓线、麦芒做鱼钩、细竹做钓竿、米粒为鱼饵，能从深渊急流中钓上大得像车一样的大鱼。楚王听说后深感好奇，就把他招来询问诀窍。詹何回答："当臣临河持竿，心无杂虑，唯鱼是念，投纶沉钩，手无轻重，物莫能乱。鱼见臣之物饵，犹沉埃聚沫，吞之不疑。"

简陋异常的工具能发挥如此超强威力，人也只有专注于自己的目标才能获得成功。钓鱼如此，做企业也是如此。有了清晰、明确的目标，加上有计划的行动，往往能取得事半功倍的效果。专注于目标其实是比较难的一件事情，能否专注目标就把一群平庸的人与不平凡的人区分开了。成功的企业经营者永远知道自己想要什么。

当企业经营者发现自己不能完全专注于自己的目标时，就要将注意力重新集中在自己的目标上，直到能控制自己的思想，将一切杂念完全摒弃在外为止。山顶是企业的目标，专注于这个目标，不被任何竞争者转移视线，唯有如此，企业经营者才能将专注的力量发挥到极致。

重结果，更重过程

千里之行，始于足下；千里之堤，溃于蚁穴。这个世界上所有的结果都是由过程演变而来的，没有计划，何来执行？没有过程，何来结果？因此，注重结果的人一定要更加注重过程。

正如成长比成功更重要一样，过程何尝不是比结果重要呢？结果是定论，只有过程才能验证我们的能力。

有一家企业招聘品管部经理，总经理对应聘者说："以你的资历和能力，公司也会提供相应的薪金，但必须明确，我要的是结果。"意思是说，过程由自己去把握，我要的是结果。诚然，对一位部门经理级的人员来说，这是恰如其分的，企业不可能再做他的"保姆"。

这就是典型的重结果。很多人都有偏重结果的思想观念，因为结果是对一个人最终的评价。但是只重结果、不问过程，往往会出现意想不到的情况，除非从开始到完成都是正确的。否则，结果往往都不会是原先设想的或是可预期的，这就是不重视过程所带来的后果。

每个人都是不同的，能力也不同，在这种情况下，所有的结果自然也会不同。具有不同能力特点和水平的人应安排在具有相应特点和层次的职位上，并赋予职位应有的权力和责任，使个人能力水平与岗位要求相适应。这样的安排才更加合理。而做出这样的安排需要对一个人进行全面的了解，过程就是了解这个人的最佳方式。

有人说：过程决定成败。也有人说：过程比结果更重要。爱因斯坦是大家都很熟悉的人物，是世界名人。但是，在爱因斯坦少年时曾被别人认为有痴呆症。可是，爱因斯坦经过长期的努力终于到达了自己理想的顶峰。

爱因斯坦的故事告诉我们，重结果，更要重过程，只有过程才能决定结果，决定事情或人的成败。在平凡的生活中要获得不平凡的收获，我们就要付出比别人更多的努力。

当然，这并不意味着天才就不需要付出，即使是天才，没有付出过程也会成为平常人。

我们当中有太多的人喜欢依赖，依赖于权势，依赖于他人的财富，依赖于非凡的才华……这些依赖让我们的心迷失了，让我们想要去跳过过程，直接获得想要的结果。方仲永的故事就给那些不注重过程、只想要结果的人敲响了警钟。

　　方仲永是一个天资聪颖的小孩，到他五岁时从未见过书具。有一天，他哭着求父亲要书具，他的父亲感到诧异，便向邻居借来了，他立马写了一首诗，其文意都有可观之处。这件事让同县的人感到惊奇，渐渐地许多人请他到家做客，有的人以钱来换方仲永写的诗。

　　后来方仲永的父亲便带着他四处写诗赚钱，不让他学习。因为没有后天的教育，他变成了普通人。

这一切的根源就在于方仲永父亲的短视，太过依赖于方仲永非凡的才华。结果，这份依赖让原本可以活得更精彩的方仲永从天堂落到了地面。不注重的结果不会是我们想要的结果。天才尚且如此，更何况是普通的我们。

过程往往决定着结果，结果是过程的必然反映。企业的发展也需要过程的积累，少了这一步，一步登天的企业只会如空中的楼阁，每天活在胆战心惊中，害怕哪一天自己不稳的根基被挖掘出来，让整个企业都走向灭亡。

当然，也有付出却没有收获结果的事情，比如，田径运动场上的运动员在上场之前做了大量的努力，过程是漫长而艰辛的，但却并不一定能在运动场上获得名次。但是他们不会后悔，因为他们努力过。正如有人所说："努力不一定成功，放弃一定失败。"因此，我们在注重结果的同时，也要注重过程。

唤醒自我管理与成长

我们从孩童时代一点点长大，渐渐有了自己的意识，有了自己的世界观，我们每走一步都在成长。终有一天，我们像成长起来的雄鹰，能够迎着风雨自由地飞翔。

这就是一个人的成长过程，自我管理是成长的代言人，当一个人有了自我管理的意识和能力的时候，这个人就真的成长起来了，说明他的思维等已经达到了一定的境界，适合走属于自己的路了。

企业的经营者就应是一个懂得自我管理的人。要想管好别人，必须先管好自己，这就是管理者自我管理的基本概念。一个企业的经营者自我管理意识越强，企业的发展就会越顺利，那么，企业的经营者要怎样进行自我管理呢？

首先，要看清自己，一个人看不清自己是很危险的。因此，我们要经常问自己："我是谁？"有提问，就有回答，答案可以让经营者明确企业的位置，并付出相应的行动。

其次，每个人的人生都需要目标的指引，人生最大的悲哀并不在于没有实现目标，而在于根本没有目标。碌碌无为，混沌度日，只会让我们丧失做人的尊严和信心，而尊严和信心恰恰是企业经营者必备的素质。因此，每隔一段时间，企业经营者就要为自己确立新的目标，对每一项工作、每一天都要进行目标管理，用少走弯路、循序渐进的方式向着山顶前行。

再次，经营者要突破心灵的束缚。当我们工作劳累、思想困惑、止步不前、无计可施时，不要焦虑，也不要烦恼，要多角度地去思考问题，不断地创新思维，锐意进取。有句话叫："问渠那得清如许？为有源头活水来。"所谓的"活水"就是自我突破。

最后，活到老，学到老。学习是一个人一生的任务，没有哪一个人可以一次性完成所有的学习。因而，经营者必须给自己留下足够的学习时间，不断钻研技术、获取养分、借鉴经验，这样经营者的经营能力才能提高。

当然，我们不能忘记时间管理。所有自我管理的故事都是从时间管理开始的。时间是世界上最公平的东西，每个人每天都是 24 小时，但有的人在每天 24 小时内活得充实，有的人却用这 24 小时发呆。不同的人对时间的利用率不同，所取得的成就也不同。

富兰克林出身贫寒，在很小的时候，他就不得不在印刷厂做学徒。但他刻苦好学，自学了数学和 4 门外语，成为美国的政治家、外交家、科学家、发明家而闻名于世。富兰克林是个普通人，他是怎样走向成功之路的呢？他成功的秘诀是什么？答案就是善于自我管理。具备良好的品德习惯、自我管理和监督是一切成功的条件。

富兰克林的自我管理从自我时间管理入手，在自我时间管理方面，他把每天的作息时间列成表格，规定自己在何时工作、在何时休息、在何时做文艺活动，并要求自己每一天至少完成一项。

李嘉诚先生曾经说过："自我管理是一种静态管理，是培养理性力量的基本功，是人把知识和经验转化为能力的催化剂。"唤醒自我管理的意识是一种自我完善，也是一种自我激励，同时更是一种自我成长的过程，在这个过程中，我们可能实现自我价值。

作为经营者，每一件事都是你的责任，各种决策都等着你去做。你所有的时间都在工作，如果一个客户半夜出了问题，你就是那个要爬起来处理的人；如果公司的业绩不理想，作为经营者的你就需要为失败承担责任。

责任大，压力就大，工作如此繁杂，经营者只有学会自我管理，才不至于把自己变成新时代的"焦郁碌"——焦虑、郁闷、忙碌。

重视工作态度和表现

现代社会，分工越来越细，每个人都有自己的工作任务，但有些职务却很清闲，在一天当中，大半天的时间都用来上网聊天。这样的工作固然不必付出太多的精力，但在这样的岗位上更需要有一个好的心性。否则，斗志就会被这种清闲消磨殆尽。

面对没任务、没要求的岗位，一个渴望发展的职员要学会主动找事情做。要知道，任何工作即便看起来不起眼，也是对能力的一种锻炼。"混迹"职场，能力才是最可靠的靠山。做个有用的人，到什么时候都不会吃亏。

从前，有三个流浪的人，一个叫牧童，一个叫乐天，一个叫清道，他们无家可归，一起来到一个寺庙，请求长老收留他们，让他们在寺庙里做弟子。长老看他们十分可怜，于是就答应了收留他们，并且，只对他们说了一句话："我只是暂时收留你们，但能否真正留下，还需要依靠你们自己。"说完，长老就走了。

这三个人进了寺院后，一天，寺院里来了一个相貌清秀的男子，仿佛是赶考人，他请求在寺院里居住几天，长老答应了他。

白天，他就坐在寺院中的椅子上和那个叫牧童的人聊天。他问牧童："你觉得寺庙里的生活有意思吗？"

牧童听了笑笑道："当然没意思，不过在这里可以有饭吃，有衣穿，有床睡，总比在外面流浪要好得多。"

男子继续问："既然你觉得没意思，那为什么不在寺院里做一些事情呢？这样你的生活不是更有意思了吗？"

牧童说："找一些事情做干吗？反正长老也没给我安排事情做，既然没给我安排，我干吗还要没事找事呢。"

男子听了他的话，笑了……几天后，男子走了。

一个月后，寺院里又来了一个人，这是一个看起来很壮实的男人，脸有些黑。他说自己去异地寻找亲人，请求在寺院歇息几日。长老答应了他。

他像第一次来的那个一样，白天聊天，他问那个叫乐天的人："你觉得寺院里的生活有意思吗？"

乐天和牧童的回答一样："当然没意思，不过在这里可以有饭吃，有衣穿，有床睡，总比在外面流浪要好得多。"

男子继续问："既然你觉得没意思，那为什么不在寺院里做一些事情呢？这样你的生活不是更有意思了吗？"

乐天说："有事可做虽然可以打发时间，但那样太累了，何苦让自己这样劳累呢？像现在这样，有吃、有穿，而且还不用做事，岂不是更好吗？"

男子听了他的话，同样笑了笑，过了几天，这个人也走了。

又过了一些时候，门口来了一个乞讨的老人，老人生病了，浑身烫得很，长老收留了他，让他在寺院里休养几日。

一天，这位老人对清道说："你觉得寺庙里的生活有意思吗?"

清道回答道："当然有意思啊，这里很清净，白天的时候我可以打扫一下寺院，去不远处挑水，中午做饭，还可以读一些经书，或者听听长老讲佛经，我觉得没有任何地方会比在这里工作更有意思的了。"

老人继续说："你做这么多工作，岂不是很累，长老怎么给你安排这么多的活?"清道听了说："这不是长老给我安排的，这些都是我自愿做的，没工作，没要求，不等于没事可做。"

老人听了他的话，捋着胡须笑了，过了几天，老人也走了。

在这三个流浪的人中间，可想而知，只有第三个人——清道，留在了寺院里。

工作对每个人的意义都是非凡的，有的人职位平凡，却用伟大的心去创造不平凡的业绩；有的人职位超然，但却没有一颗进取的心。故事中的三个人代表了职场中的两种人：一种是无事可做、没有目标的职员；另一种则是没任务、没要求、同样有事可做的人。第一种人生活没有方向，用混日子来形容再贴切不过；第二种人则能在平凡中看清自己的路，知道自己想要什么。

想一下，你是哪种人? 如果你是第一种人，那么为了美好的未来，就从现在开始改变自己；如果你是第二种人，那么请继续保持，并不断完善自我。

在商业界、艺术界、体育界，甚至所有的领域，那些最知名的、最出类拔萃的人与其他人的区别在哪里呢?

答案就是多努力、多勤奋那么一点儿。"每天多做一点"——谁能使自己多努力一点,谁就能得到千倍的回报。

我们没有义务做自己职责范围以外的事,但是我们也可以选择自愿去做,这样可以鞭策自己快速前进。率先主动是一种极珍贵、备受看重的素养,它能使人变得更加敏捷,更加积极。无论你是管理者,还是普通职员,"每天多做一点"的工作态度能使你从竞争中脱颖而出。我们的老板、委托人和顾客会给予我们更多的关注、信赖,从而给我们更多的机会。

每天多做一点工作也许会占用你一些时间,但是,这样的行为会使你赢得良好的声誉,并增加他人的信任和需要。

社会在发展,公司在成长,个人的职责范围也随之扩大。不要总是以"这不是我分内的工作"为由来逃避责任。也许外来的责任会让我们感受到压力,但这种压力也有可能成为我们事业的转机,当额外的工作分配到我们头上时,不妨视之为一种机遇,认真对待,用每天多做一点的思想来进行自我要求,长时间的坚持,会让我们完成自我蜕变,最终化茧成蝶。记住:每天多做一点点,将军都起于小卒。

暖人心的人性化管理

企业的一切生产经营活动都是由人所从事的,而人是有思想感情的,人们的感情往往左右着工作效率,因此,人性化管理是经营者提高员工工作效率的突破口。一个优秀的现代化企业经营者应时刻秉持"以人为本"思想。只有这样，企业才能做强做大。

在企业中，这个焦点在于如何激励员工、调动员工的工作积极性。众所周知，积极性是一个人前进的主要动力，而这个动力的产生就是思想意识的改变。只有改变服务的思想，才能在服务当中保持应有的热情。

服务不应是员工的一种被动行为，而是一种主动的行为，员工的思想要从"要我服务"转变为"我要服务"。只有这样的转变，才能让服务深入客户心中。

也许在很多员工的眼中，服务是一种工作，是不得不做的事情，每天的任务就是按时到场，机械地做属于自己的工作。至于工作质量如何，在没有领导在场的情况下，就没有人会去追问。但员工却不知这样的服务态度影响了客户，一旦客户拒绝购买该企业产品，企业就会面临难以渡过的危机。而企业的危机，作为员工自然也要一同分担，因此，恶劣的服务态度最终会给自己造成损失。其实企业只要让员工明白一点，即企业的利益与员工的利益息息相关，员工的服务态度就会发生转变。

而这种转变也需要鼓励的话做引导。鼓励员工可以培养员工，提高员工的自信心。鼓励就是给员工机会锻炼及证明自己的能力。在员工的生活中，温暖的言行、期待的目光、一句激励的评语都会激发员工的上进心，都会改变一个员工的工作态度，工作态度变了，服务的状态自然就会不同。

鼓励员工可以促进工作顺利完成，保证工作质量。如果一个员工的工作总是不断地被批评，那么，员工就会产生消极怠工的想法，心中会想：反正也是这样，混一天算一天。有这种想法的员工自然不会有好的服务态度，最终受影响的还是企业。

而鼓励的话对企业而言是一种最有效的调动员工积极性的方法，这种方法成本低，效果却明显。当然，除了精神上的鼓励外，物质上的奖励也同样重要。如果一个企业只用口头表扬，而不付诸行动，就会让员工认为企业在作秀，因此，适当的物质奖励也同样能够起到调动员工积极性的作用。

除了精神和物质上的鼓励外，企业还要为员工营造一种家的氛围。温馨的环境容易让人产生一种责任感，一旦员工将企业视为家，那么，员工就会主动维护家中的一切，同时，努力为这个家做更多的事情。

其实，引导员工的工作积极性有很多方法，适合的就是最好的。企业在激励员工进入最佳服务状态时，可根据企业的文化和实际情况进行选择，也可交替使用。总之，能让员工将企业的利益与自己的利益联系在一起，方法就是成功的。

人性化管理是现代企业管理的发展态势，这似乎成了一个不争的事实。退一万步说，该用的人没用，结果己方少了一个人才，对方多了一名骨干，这对任何企业而言都是不愿发生的。比如，如果当年小比尔·盖茨第一次到 IBM 公司时，IBM 不是只答应使用这位年轻人的知识产权，而是趁其羽翼未丰，及时收编到自己的旗下，相信 IBM 的历史与世界电脑市场的竞争将会是另外一种格局。事实往往就是这样无情，人才的力量总是能够左右行业的发展。因此，人性化的管理能够更有效地留住人才。

当理智和情感冲突的时候，我们常常变得难以抉择，到底应该怎样做呢？在这种情形下，通常有两种选择，一种是选择合理的事情，另一种是选择看似合理的事情。纯粹的理性往往只会牵绊我们的行动，不利于决策。在充沛感情下的充分理性才能带来智慧的决策。

酷6为了减少公司的成本和费用，宣布重组销售部门裁员20%，只在企业内部保留小规模销售团队，将把广告销售外包给第三方广告公司。这一消息引起了酷6内部的恐慌和不满。

当时，酷6官方裁员开出的条件是：N+1补偿工资。这样的方式对销售团队并不合适，因为在销售的工资组成当中，除了底薪还有提成部分。被裁员工对这种方式显然极为不满，双方甚至发生了肢体冲突。于是，在这个非常时期，空降出任新副总裁的陈昊和员工逐个开始谈话，包括要求列在名单上的员工（人力资源培训课程）立即离职，交还工作用的电脑和门卡等设备，不归还电脑将按照折旧费从赔偿金里扣。这样的处理方式显然有失妥当，造成了一定程度的恶劣影响。

其实，企业裁员是很正常的事情，酷6裁员之所以产生这样大的风波，就是未从员工的情感出发去考虑问题。更多的时候，情感和理智并非不能调和的，只有把两者结合起来才能产生更强大的效能。

企业的经营者需要对理智与情感进行平衡。如果企业的经营者只是一味地强调企业的利益优先，没有丝毫的情感，那么，只会将原本简单的事情变得复杂化。同时冰冷的态度只会伤害员工的内心，让员工没有热情去为企业创造更多的价值。

现代西方企业管理学家认为企业有两个"上帝"：一个是顾客，另一个是员工。摆正了企业与员工的位置，才有人性化管理可言。人性化的管理方式能充分调动员工的工作积极性，最终受益的必将是企业。

帮助别人成功——商业成功之道

中国有句话叫"穷则独善其身，达则兼济天下"，成功者无疑是后者，一个人拥有能力就是要与人分享，我们没有感受到成功的喜悦，是因为我们从不将成功与人分享。

在职场越久的人越明白：只有帮助别人才能成就自己。赠人玫瑰，手有余香。帮助别人总是一件令人感到快乐的事情，是另一种意义上的"成功"！

在现代社会，很多人都希望自己获得尊重，但并不是仅仅等待就会实现梦想，消极的等待毫无意义，只有主动出击才能获得自己想要的东西。当然，这样的主动出击要没有丝毫的攻击力。须知，尊重并不是空等就能够等来的，只有帮助别人成功才可能获得别人的尊重。

这个世界是对等的，你帮别人做的事情越多，你所获得的尊重才会越多。成功的人都是主动付出的人，不愿先付出，人们便会远离你。

企业的经营者也要有助人的心理，切忌在他人危难时，落井下石，踩沉对方，虽然可以少一个竞争对手，但，即使你真能扼杀了对方，总会有新的竞争对手崛起。一个人不可以独霸一个行业，正如"野火烧不尽，春风吹又生"，一个人是赚不完所有的钱的。你在他人危难时，雪上加霜，你的企业出现危机时，别人是否也会效仿你的行为呢？因此，救人于危难才是正确的做法，帮助别人重新获得成功，也是在帮助自己。那一天，你为他人雪中送炭；有一天，他人就会给你雨中送伞。

人在困难时，接受少量的资助会觉得格外感激。人之一生不可能一帆风顺，谁都难免会碰到失利受挫或面临困境的情况，这时候最需要的就是别人的帮助，这种雪中送炭的帮助会让人铭记一生，投之以桃，报之以李。

晋代有一个人叫荀巨伯，一次去探望朋友，正逢朋友卧病在床，这时恰好敌军攻破城池，烧杀掳掠，百姓纷纷携妻挈子，四散逃难。朋友劝荀巨伯："我病得很重，走不动，活不了几天了，你自己赶快逃命去吧！"

荀巨伯却不肯走，他说："你把我看成什么人了，我远道赶来，就是为了来看你。现在，敌军进城，你又病着，我怎么能扔下你不管呢？"说着便转身给朋友熬药去了。

朋友百般苦求，叫他快走，荀巨伯却端药倒水安慰说："你就安心养病吧，不要管我，天塌下来我替你顶着！"

这时"砰"的一声，门被踢开了，几个凶神恶煞般的士兵冲进来，冲着他喝道："你是什么人？如此大胆，全城人都跑光了，你为什么不跑？"

荀巨伯指着躺在床上的朋友说："我的朋友病得很重，我不能丢下他独自逃命。"并正气凛然地说："请你们别惊吓我的朋友，有事找我好了。即使要我替朋友而死，我也绝不皱眉头。"

敌军一听愣了，听着荀巨伯的慷慨言语，看着他的无畏态度，很是感动，说："想不到这里的人如此高尚，怎么好意思侵害他们呢？"说完，敌军撤走了。

现代人身上则缺少了这种雪中送炭的精神，人走茶凉是常有的事，企业间互助的行为就更加难能可贵。人们总是习惯性地将利益放在一切的前面，却不知真正的成功是人人成功，只有每个你帮助的人都成功了，你才能永远的成功。因为，无论是顺境还是逆境，总有一些人是你的朋友，他们会在你的企业发展顺利时送上祝福，在你的企业处于逆境时伸出援助之手。因此，帮助别人成功，自己也会获得成功。

帮助别人幸福——做人幸福源泉

在帮助别人的过程中你会体会到实现个人价值、被别人需要的幸福感，人们的幸福就是这样简单，幸福不是属于贵族的奢侈品，帮助别人幸福，你也能获得属于自己的幸福。

有一天，一只大狮子正在草地上睡大觉。一只小老鼠正好路过草地，小老鼠见大狮子睡着了，玩心大起，一下子跳到大狮子背上。它刚想站起来，看看大狮子的脸，大狮子醒了，看见了小老鼠，想要将其吃掉，但小老鼠连忙请求道："好狮子，求求你，放了我吧，说不定哪一天我会帮助你的。"大狮子很骄傲，认为自己不需要一只小老鼠的帮助。小老鼠不停地请求大狮子放了它。最后，大狮子就放走了小老鼠。

没过几天，大狮子在草地上散步，一不小心掉进了猎人设的陷阱里。大狮子急得连声大叫："谁来帮帮我？谁来帮帮我？"小老鼠听见了，赶紧跑过来："别怕，亲爱的大狮子，我有办法救你。"小老鼠跳到大网上，咬断了一根线，又咬断了一根线。网上慢慢出现了一个大洞，大狮子得救了："谢谢你，小老鼠。"

从此以后，大狮子和小老鼠就成了一对好朋友。

任何人都需要别人的帮助，动物之间尚有互助的情谊，更何况我们人类呢？有人曾经心存疑虑究竟什么才是幸福？答案各有千秋，有的人说是拥有无尽的财富；有的人则说是衣食无忧的生活；还有的人回答是受人注目的地位……但这些都不是真正的幸福，它们只是人们梦想中幸福的样子。那么，什么才是幸福呢？帮助别人就是一种幸福。

杜卡斯在《爱因斯坦谈人生》中有一句："请学会通过使别人幸福快乐来获取自己的幸福。"的确，幸福不是别人赐予的，也不是一个人的幸福，真正的幸福是通过付出，让他人获得幸福快乐，这才是幸福的真谛。

每个人的人生都有几个阶段：少年时，我们享受着父母的爱，父母让我们找到了幸福的感觉，他们是付出的一方；长大后，我们自己成为孩子的父母，我们成为付出幸福的一方；当我们父母年纪大了，我们又将爱付出给父母，让父母感到了幸福。于是幸福就在这种付出间不断地循环，让所有的人都有机会感受到它的存在。

父母对儿女的爱，是可以舍弃全部的，而你们经常忽略了轻重。汶川地震中，在受灾最严重的北川，战士们忽然听到废墟下一个微弱的小女孩的呼救声："救命啊！谁来救救我！"战士们赶紧清除废墟，发现里面有一个差不多三岁的小女孩，战士们辛苦地把那小女孩拉了出来，小女孩奄奄一息："叔叔，快去救我爸爸妈妈，爸爸妈妈，解放军叔叔来了。"战士们听到以后，把硬质板再搬起后才发现：下边躺的是孩子的父亲母亲，他们已经离开了人世，妈妈面朝上用双手支撑着硬质板，父亲背朝下，像做俯卧撑一样，背上压着一块硬质板，就在父亲母亲手交叉的中间，那个小小的空隙里，那个小女孩幸存了。

这就是一种付出，我们可以想象，这个孩子的父母认为孩子活下来才是他们最大的幸福。如果我们有能力，要帮助其他人幸福，当然，更包括我们的亲人。

生活如此，在社会当中也是如此，有人认为付出就要有回报，这一点在中华民族的灾难面前变得那么不堪一击。

"5·12"汶川大地震后，全国各族人民发扬"一方有难，八方支援"的无私精神，从塞北雪原到天涯海角，从西北大漠到东海之滨，每一个地方的人都牵挂着灾区。那一双双伸出的无私援助的手，难道不是付出吗？付出是平凡中的伟大，无论付出多少都会是一种幸福。

《悲惨世界》中马里尤斯的外公说，人不是因为高尚而幸福，人是因为幸福而高尚。如果现在的你还没有感受到真正的幸福，就从此刻开始，帮助别人幸福，通过帮助别人来找到属于自己的幸福之路。

第六章 上善若水

美好大爱源远流长

强势企业的困局

在如今这个时代，英雄都是成功的企业家，他们的英雄业绩并不是创造了多少价值，而是为自己的企业赚取了多少利润。古代社会的英雄有一个起码的原则，就是保护了自己的人民，而现代企业英雄却可以为了节约成本，而将与自己共同打拼事业的员工轻而易举地开除。股神巴菲特是人们心目中的英雄，他的英雄业绩只是他个人账户上的数字，与他的社会责任毫无关系。

孔子说："君子爱财，取之有道。"很多时候，有道无道在理论上的差异非常微小，而放大到全社会，有道无道的差别就会非常巨大。

有这样一个女性，她的工作很不顺利。她毕业后，一直在一家公司上班，工作了几年后，结了婚，不久后，由于没有签订劳动合同，单位便辞退了她。出于对企业的行为的不满，她依然每天去企业"上班"。但企业负责人的做法更是匪夷所思，既不把她赶走，也不安排工作，更不发工资。

这名女性的遭遇在当今中国有一定的代表性。企业总是处在强势一方，而员工相对较弱，虽然现在强调双方都有选择的机会，但企业的选择明显更大一些。因此，造就了很多强势的企业。但这样的企业也存在

165

着一定的困局。

强势企业必然缺少人性化管理机制，真正的人才留不住，留下来的多是再找工作较为困难的人。而这些人的工作能力、工作业绩又都不如意，于是在企业内部出现了恶性循环。

有个人请客，看看时间过了，还有一大半的客人没来。主人心里很焦急，便说："怎么搞的，该来的客人还不来？"一些敏感的客人听到了，心想："该来的没来，那我们是不该来的啰？"于是悄悄地走了。主人一看又走掉好几位客人，越发着急了，便说："怎么这些不该走的客人反倒走了呢？"剩下的客人一听，又想："走了的是不该走的，那我们这些没走的倒是该走的了！"于是又都走了。最后只剩下一个跟主人较亲近的朋友，看到这种尴尬的场面，就劝他说："你说话前应该先考虑一下，否则说错了，就不容易收回来了。"主人大叫冤枉，急忙解释说："我并不是叫他们走哇！"朋友听了很生气，说："不是叫他们走，那就是叫我走了。"说完，头也不回地离开了。

现在的强势企业用人就面临着这样的问题：不该走的走了，该留的也没留下。强势企业没有办法留住真正的人才，与薪酬无关，而是与态度有关。

没有一个人愿意待在冰冷的企业当中，今天这个人因一些事情而被企业开除，那么，明天这件事情可能发生在自己身上，自己也是会被开除的那一个。既然企业无情，个人自然无须有义，于是企业不断地开人、换人，优秀的员工不断地从企业跳出来，寻找更加人性化的企业。而这就是强势企业和弱势员工间的博弈，企业内斗如此严重，发展必然会受到阻碍，最终受到伤害的还是强势企业自身。

热爱自然、敬畏生命是人的天职

大自然的智慧是无与伦比的。我们的世界都是由大自然创造的，这所有的一切是那么和谐，只是人类擅自将大自然所赋予的一切进行了改变，于是我们看到了一个被破坏了的世界。

有人说，时代在进步，经济在发展，环境是必须付出的代价，说出这些话的人，很明显不懂得热爱自然。走进大自然，把自己融入大自然，将所有的红尘凡事都抛诸脑后的时候，我们就会体会到自然对人类是多么重要。这是人天职的一部分，当然，除了热爱自然以外，敬畏生命也是天职中不可或缺的一部分。

有一个叫黄美廉的女子，从小就患上了脑性麻痹症。这种病的症状十分惊人，因为肢体失去平衡感，手足会时常乱动，口里也会经常念叨着模糊不清的词语，模样十分怪异。医生根据她的情况，判定她活不过6岁。但她坚强地活了下来，人们看她的时候多投去怜悯的目光，但她从来不这样看自己，而且靠顽强的意志和毅力考上了美国著名的加州大学，并获得了艺术博士学位。她靠手中的画笔，还有很好的听力，抒发着自己的情感。在一次讲演会上，一位学生贸然地这样提问："黄博士，你从小就长成这个样子，请问你怎么看你自己？你有过怨恨吗？"在场的人都暗暗责怪这个学生的不敬，但黄美廉却没有半点不高兴，她十分坦然地在黑板上写下了这么几行字：

一、我好可爱；

二、我的腿很长很美；

三、爸爸妈妈那么爱我；

四、我会画画，我会写稿；

五、我有一只可爱的猫；

……

最后，她以一句话做结论：我只看我所拥有的，不看我所没有的！

敬畏生命就应像黄美廉一样不向命运屈服，用自己的热情点燃生活的烛光。其实，在这个世界上，每个人都有着不同的缺陷或不如意的事情，既然不如意之事十之八九，又何必太过抱怨呢？无论你对生命有多少抱怨，都不会改变什么。能改变自我命运的只有对生命的热爱。

企业的经营者在运营企业时，也要有这样的认知，一方面不为了一己之利而破坏自然，另一方面尊重每一位员工，认真对待员工的事情，只有这样，企业才能获得长足的发展。

以刚克刚者疲，以柔克刚者胜

中国有句话："百炼钢成绕指柔。"以柔克刚是中国人处世治国的梦想，但由于现实的原因，人们看到的往往以刚克柔者多，以柔克刚者少，刚者多胜，柔者多败。虽然有现实的因素，但也与个人的"柔术"修炼境界有关系。

东汉的开国皇帝刘秀是一位以柔开国、以柔治国的明君。他的这种治国方式体现在其政治、军事诸方面，把"柔术"发挥到了一个很高的境界。

刘秀始终认为，"柔能制刚，弱能制强"，因此，他多以宽柔的"德政"去收揽军心，很少以刑杀立威，他用自己的这种治国方针，收编了铜马起义军将士。当时，铜马起义军投降刘秀，刘秀"封其渠帅为列侯"，但刘秀的汉军将士对起义军很不放心，认为他们不易归心。铜马义军的将士很不安，怕得不到汉军的信任而被杀。在这种情况下，刘秀竟令汉军各自归营，自己一个人骑马来到铜马军营，和他们一起操练。铜马将士议论说："肖王（刘秀）如此推心置腹地相信我们，我们怎能不为他效命呢？"铜马义军受到刘秀如此信任，都亲切地称他为"铜马帝"。

公元 25 年，刘秀称帝。称帝后，便是和原来的农民起义军争夺天下，此时，他仍贯彻以柔道治天下的思想，这对他迅速取得胜利起到了很大的作用。刘秀轻取洛阳就是运用这一思想的成功范例。当时，洛阳城池坚固，李轶、朱鲔拥兵三十万，刘秀先用离间计，让朱鲔刺杀了李轶，后又派人劝说朱鲔投降。但朱鲔因参与过谋杀刘秀哥哥的事，害怕刘秀复仇，犹豫不决。刘秀知道后，立即派人告诉他说："举大事者不忌小怨。"朱鲔若能投降，不仅绝不加害，还会保其现在的爵位，并对河盟誓，绝不食言。朱鲔投降后，刘秀果然亲为解缚，以礼相待。

赤眉军的樊崇、刘盆子投降，刘秀对他们说："你们过去大行无道，所过之处，老人弱者都被屠杀，国家被破坏，水井炉灶被填平。然而你们还做了三件好事：第一件事是攻破城市、遍行全国，但没有抛弃故土的妻子；第二件事是以刘氏宗室为君主；第三件事尤为值得称道，其他贼寇虽然也立了君主，但在危急时刻都是拿着君主的头颅来投降，唯独你们保全了刘盆子的性命并交给了我。"于是，刘秀下令他们与妻儿一起住在洛阳，每人赐给一区宅屋、二顷田地。刘秀总是善于找出别人的优点，并加以褒扬。

东汉建立以后，刘秀仍然实行怀柔政策，避免了开国之君杀戮功臣的悲剧，使得东汉政治安定，经济也得到了较快的恢复。

治理国家尚能如此，企业的经营也可以此而制定管理策略。尤其是在当今社会，人们的思想已经不再受各种条约的束缚，更注重企业的文化及内部的管理方式。如果企业的管理是刚性的，则会与很多人追求自由的态度相违背，这对留住人才是极为不利的。反之，如果企业能够采用以柔克刚的方式，就能走进员工的内心，让员工安心快乐地为企业工作，无论是工作效率，还是企业的整体精神风貌都会迈上一个新的台阶。

美丽中国是所有中国人的梦

梦想是人类的共同价值。自古以来，人类不论处在什么地方，都有自己的梦想。梦想是一种追求，这是推动人类文明进步的强大动力。国家梦、民族梦，是由无数的个人梦组成的。

有梦想和没有梦想的国家是大不一样的。我们在追求中华民族伟大复兴梦想，让世界看到中国的崛起和发展绝不是什么威胁，唯有如此，我们才能实现自己伟大的梦想。

生活在这个地球上的每一个中国人都对自己的祖国充满着感情，都希望自己的祖国屹立在世界之林。虽然我们面临着很多的困难，但只要有目标、有信心，一切的困难都可迎刃而解。

解决困难的过程就是发挥智慧的过程，我们要明白，只有付出才能得到，我们在付出辛劳和智慧的同时，也在收获着改变世界的点滴，虽然每个人所创造的成果对整个中国而言是微不足道的，但十几亿中国人将所有的成果积累起来，便会成为点石成金之笔。

中国梦是发展之梦，进步之梦，但同时也是贴近自然之梦。任何发展都不能以牺牲自然为代价，这样的发展会有十分突出的后遗症。或许，大自然才是我们心中永久的恋人。有人在破坏，有人在拯救，让我们一起来担当那个拯救自然的人吧！

我们用正能量去圆炎黄子孙百年之"中国梦"；我们用勤劳的双手和充满智慧的大脑去建设美丽的中国！

最美女教师张丽莉为救学生失去双腿的"师德美"；农家妇女高淑珍坚持14年以家庭力量撑起"爱心小院"的"奉献美"……这些都是美，都是属于中国的美，所有的人都在为美丽中国添砖加瓦。

1949年10月1日，一个让中国人激动自豪的日子。那一天，是我们伟大的中华人民共和国成立的日子。录影片中，毛主席宣布"中华人民共和国中央人民政府今天成立啦"这句话的背后，是无数中国人用鲜血创造的新中国。

中华民族走到今天，经历了无数的事件，但每一次都在十几亿人民的努力下，取得了令人骄傲的成就。而这些努力的背后，就是建设美丽中国的梦想。

古人曾说过"天下兴亡，匹夫有责"。每一个中国人都应为美丽中国的建设出一份力，这不是义务，但却是身为中国人应有的认知。只有美丽中国建成了，我们身为其中的一员，才能享受它带给我们的荣誉与骄傲。

欲速则不达，成功需要尊重规律

骐骥千里，非一日之功；冰冻三尺，非一日之寒。任何事情都需要时间和过程，成功也是如此，有句话叫："台上一分钟，台下十年工。"无论一个成功的人表面上多么风光，其背后的付出都是巨大的。一夜间的成功在这个世界上并不存在。

有这样一则寓言：

一位一心想早日成名的少年拜一位剑术高人为师。他迫不及待地问师傅多久才能学成。师傅答曰："十年。"少年又问如果他全力以赴、夜以继日要多久。师傅回答："那就要三十年。"少年还不死心，问如果拼死修炼要多久，师傅回答："七十年。"

少年不惜一切地想要尽快成功，但却离成功越来越远。这是因为他的心完全被成名的思想所占领，没有保持平和的心态去修炼。一个人的努力本身并没有错，可是期盼迅速成功、一夜成名的心态反而会使人欲速则不达。

大自然中的一棵小树还要经历十年的风雨才能最终成材，而现实中的我们却渴望自己能够一夜之间变身成功人士，这样的想法是多么不切实际。真正的成功都需要时间的磨炼，缺少了时间，也就缺少了成功的环节，成功也是一环套一环的。少了任何一个环节，都会让成功夭折。

有一个小朋友，他很喜欢研究生物学，很想知道那些蝴蝶如何从蛹壳里出来变成蝴蝶的。

有一次，他在草地上面看见一个蛹，便取回了家，然后看着，过了几天以后，这个蛹出现了一条裂痕，他看见里面的蝴蝶开始挣扎，想挣破蛹壳飞出来。这个过程达数小时之久，蝴蝶在蛹里面很辛苦地拼命挣扎，怎么也没法子飞出来。这个小孩看着看着不忍心，就想不如让我帮帮它吧，便随手拿起剪刀在蛹上剪开，使蝴蝶破蛹而出。

但蝴蝶出来以后，因为翅膀力量不够，变得很臃肿，飞不起来。蝴蝶以后再也飞不起来，只可以在地上爬，因为它还没有经过自己奋斗，缺少了最后化茧成蝶的过程。

"欲速则不达"是说你希望很快完成的事情，结果达不到目的，反而还求快得慢。我们的生命当中有很多时候是身不由己的。成功欲望越强的人可能获得成功所花费的时间就越漫长，这样的规律违背了自然性，但却是事实。因为，那些太过渴望成功的人反而会忽视成功的一些重要因素，想要一夜成名，却没有做好成名的准备，这就是很多人的现实人生。

对于成功，我们不要太过看重，只要做好自己的事情，成功自然水到渠成。另外，不要相信一夜成名的童话，成功的获取都是长期积累的结果，只要你做好了每一件事情，那么，成功就会降临。成功从来不是寻找到的，而是通过努力获得的。

因果不虚，世间自有公道

佛家讲究的是"因果循环"。这个原则道出了世间自有公道的真理。

公道是什么？有人说公道就是上天，就是世间万物生灭变换的规律，正所谓"天网恢恢，疏而不漏"。

有一位叫格西宁的人死也不肯说出"舍三宝"的话，他说："不用说要我讲这样的话，哪怕我的心里也是绝不会这样想。如果舍弃了三宝，我纵然还有几十年可活，那与行尸走肉还有何异？与其几十年生不如死，不如现在就死！"

一个人所做的事情决定了最后的结果。在中国古代，人们将公道赋予某个人，比如，有包青天之称的包拯，这样的称呼代表了人们渴望公平公正的内心世界。

还有一个人，他以自己的坚持改变了他人的命运，他就是法兰西伟大的作家、思想家左拉。

有一年，法国军事委员会误把一名无辜的军官判为叛国罪。后来一名被捕的真正间谍证实，这个军官是清白的。荒谬的一幕出现了：法国军方不但不肯认错，反而释放了真正的间谍，维持原判，认为国家不能为了一个小人物而放弃尊严。左拉挺身而出，愤怒地谴责法兰西临时政府的无耻行径。

他也因此遭到流放，但却不屈地说："多少年后，法兰西会因为我对它的控诉而感谢我。"他说对了，法兰西人民愤怒了。在民间人士和舆论的压力下，左拉逝世后没多久，军方政府被迫在"公道"面前向人民低头认错，释放了那名无辜的军官。

这就是公道的力量。正是因为蛰伏在人心底的公道不灭，左拉才获得了最终的胜利，获得了法兰西永远的尊重。因此，世间是有公道的，只是还处在自我保护当中的人们很多时候没有勇气去追求它罢了。

毋庸置疑，人心中才有真正的公道。哪怕是法律，如果违背了人民心中的公道，一样也会被无情地践踏。历史上无数次人民起义、暴动无不是鲜活的案例。哪里有压迫哪里就有反抗，虽然这句话已经被用了无数次，但所有的真理都经得住时间的考验。

因此，追求公道是让这个世界和谐和发展的根本原因所在。我们需要的是公道，是一个民族的良知。所有的人心就是一杆秤，人心不死，公道自然不灭！

人生看似悲欢荣辱无常，其实因果就在我们自己的心里，就在我们的选择之中。境随心生，有什么样的心就会有什么样的境，自然就会结什么样的缘，从这个意义上说，心与缘是一体的，缘由心定，缘起于心，而修于心，所以修养身心实在是人生的头等大事。

美好吸引美好，邪恶吸引邪恶。杀戮引爆杀戮，竞争放大竞争。

想拥有美好的生活，就需要不断加强文化修养，修炼美德，提高自己对世界和人生真相的认知与自身管控能力。美好品德就像人与人之间的绿化带，是和谐社会的基石。文化修养有助于形成美好品德，它让我们从小树立爱国爱民、服务大众的远大志向，让我们懂得孝顺父母，对身边人满含关爱，与人为善，始终提醒自己做一个顶天立地的好人。美德感化了身边的一切，让身处生活洪流的人们明白心灵美才是真正的美，自我修炼才是美好人生的根本。

心里装着善良、包容、感恩、友爱，你的生命就充满了阳光。无论遇到怎样的人生风雨，都无法熄灭内心深处顽强美好的烛火，心底无私天地宽，心怀美好道路畅，人在旅途自会随时随地感受生命的美好。

顺其自然，管住疯狂的欲望

人们常说，欲望越多，人活得越累，但生活中的我们却常常在不知不觉中陷入欲望的陷阱而无法自拔。对于欲望，戴尔·卡耐基曾这样告诉我们："即使我们拥有整个世界，我们一天也只能吃三餐，一次也只能睡一张床——即使一个挖水沟的人也能做到这一点，也许他们比洛克菲勒吃得更津津有味，睡得更安稳。"

在无聊的时间里，你是否也曾感叹过太累，生活迷茫，不知该何去何从，但一味地抱怨不能让我们的生活获得轻松，与其花时间去做无用功，不如找出自己太累的根源，去面对和解决。

一个人的生活并没有想象中那样复杂，我们的需求其实很简单，只是我们在意识里将其复杂化了。过盛的物欲让我们的心灵失去了光泽，精神世界出现了空虚，始终活在一种累的状态下，让自己和他人都感到疲惫不堪。这些多余的欲望就是压得我们直不起腰的罪魁祸首。

人人都有欲望，都想过圆满幸福的生活，都盼望安居乐业，这是人之常情，但是，假如把这种欲望变成不合法的欲求，变成无止境的贪心，那我们就无形中成了欲望的奴隶。

有这样一个故事：

有一个穷人，穷得连床也没有，只好躺在一张长凳上。穷人经常自言自语地说："我真想发财呀！如果我发了财，绝不做吝啬鬼。"

这天，穷人身边出现了一个神仙。神仙对他说道："好吧，你就要发财了，我这就给你一个有魔力的钱袋。"神仙又说："这钱袋里永远有一枚金币，是拿不完的。但是，在你觉得够了的时候，就必须把钱袋扔掉，才可以开始使用那些金币。"说完，神仙就不见了。在他的身边，真的出现了一个钱袋，里面装着一枚金币。穷人把那枚金币拿出来，里面又有了一枚。于是，穷人不断地往外拿金币，他一直拿了整整一个晚上，金币已有一大堆了。他想：这些钱已经够我用一辈子了。到了第二天，他很饿，很想去买面包吃。但是，在他花钱以前，必须扔掉那个钱袋。他舍不得扔掉那件宝贝，于是又继续从钱袋里往外拿钱。每次当他想把钱袋扔掉的时候，他就总觉得钱还不够多。

就这样，日子一天天过去了，他旁边的金币越积越多，以至于完全可以去买吃的、买房子、买最豪华的车子。可是，他总是对自己说："还是等钱再多一些才好。"

他不吃不喝拼命地拿钱，金币已经快堆满一屋子了，但他却变得又瘦又弱，脸色蜡黄。他虚弱地说："我不能把钱袋扔掉，金币还在源源不断地出来啊！"

很快地，他成了一个看起来非常衰老的人，但他还是在用颤抖的手往外掏金币。最后，由于又累又饿，他死在了自己的长凳上，旁边堆放着大堆金币。

如果故事中的人物能够少一些欲望，就会有足够的时间和生命去享受财富，他的欲望让他的心灵一直处在不满足的状态，结果财富有了，命却没了，人财两空，何苦呢？

很多人觉得这个故事很假，真的假吗？面对诱惑，我们又有几个人能真的保持清醒？大千世界中，想不开的人很多，人们总是为了得到更多而忽视比物欲更重要的生命，这种理论在旁观者看来是十分可笑的，没有命，要钱有什么用？但中国有句话叫"旁观者清，当局者迷"，生活中很多人都在棋局中，看不清物欲的本来面目，致使一个又一个悲剧反复上演。

　　有一个人想得到一块土地，地主就对他说："清早，你从住处往外跑，跑一段就插个旗杆，只要你在太阳下山之前赶回来，插上旗杆的地都归你。"那个人不要命地跑着，太阳偏西了还不满足，太阳下山之前他是跑回来了，然而却因筋疲力尽倒地而亡。

看，又一个因贪婪而不要命的人。这就是物欲设下的困局，能够走出去的人都是摆脱物欲、活得潇洒的自在人。

人生的很多懊丧都是因为我们得不到想要的东西。其实我们辛辛苦苦地奔走忙碌，终极的结局不都是只剩下掩埋我们身体的那点土吗？

每个人的命运都是由自己操控的，活得累只是心中有太多的欲望，在欲望的安排下，不得不为了权力、为了地位、为了金钱而削尖了脑袋向里钻。我们经常感到不满意，心中那份贪婪驱使我们疯狂地向前跑，在无奈中透支着我们的精神与生命。拿一面镜子看一下自己的心，它早已被贪婪折磨得支离破碎，想一下吧，这是自己想要的吗？

人生一世，草木一秋，何苦为了一切不需要或不切实际的欲望，而让自己活得太累呢？简单一点，也许我们就能在生活中看到更多的阳光。有阳光的世界才是温暖的，不是吗？

你活我活——天下共赢才是正理

企业间的竞争不该是为了让对方活得难受，而是应该让自己更好地活着，让广大消费者得到更大的真实利益。互相残杀没有赢家，很有可能输掉整个市场，很明显不符合竞争的原理，只有你活我活的共赢方式才能让企业在差异化策略中凭借创新和自强赢得未来！

阴阳有道，合作共赢是正道。

人类社会对"合作"这个词总是不感兴趣，但聪明的动物却能够明白，只有合作才能共存。

狼和狈，是两种长相十分相似的野兽。同时，又是两种都喜欢偷吃猪、羊的野兽。它们唯一不同的是：狼的两条前脚长，两条后脚短；而狈却是两条前脚短，两条后脚长。

这两种野兽，经常一起去偷吃猪、羊等家畜。有一回，一只狼和一只狈共同来到一个羊圈外，看到羊圈中的羊又多又肥，就想偷吃。但是羊圈的墙和门都很高，狼和狈都不能爬过去。于是，它们就想了一个办法。先由狼骑到狈的脖子上，然后狈站起来，把狼抬高，再由狼越过羊圈把羊偷出来。很显然，假如狼和狈不合作，就不能把羊偷走。尝到甜头以后，狼和狈经常干这样合作偷羊的事，而且走在一起的时候，显得非常亲密。后来，人们就根据这种现象总结了"狼狈为奸"这个成语，用来形容那些相互勾结干坏事的人。

动物间的合作让它们彼此有了更好的生存方式。试想下，企业间的互补合作一样能够增强企业的实力和品牌知名度，当然，也会为企业带来可观的利润。

同行竞争是商场中最为残酷的战争核心。一直以来，都流行着"同行是冤家"的说法。这句话虽然点出了竞争的本质，但同时也给我们提供了另一种思路。既然同行是冤家，那么，不同行业之间则有可能成为最佳的合作伙伴。异业联盟的存在是向商家借客户的有效方式，是一种互利的合作模式。

于2002年4月诞生的威莱音响，进入中国市场还不到十年时间，但它通过房地产企业联盟，却让其品牌很快进入中国消费者的视线，并在行业取得了极大的影响力和知名度。

威莱音响除与房地产企业合作外，还与电影院进行合作，同时它还赞助"神舟五号"载人飞船上天以及世界精英模特大赛、钻石世家联盟。可以说，威莱音响的发展之路离不开异业联盟，正是这种全新的商业模式让其品牌得以更快地发展。

一个人要想在事业上成功，固然要靠自己的努力，但是，我们发现，除了自己努力之外，还需要与他人的良好合作。

有一则西方寓言：

饥渴的两只狮子同时到达它们平日喝水的地方。两只狮子谁也不肯退让，谁都想喝上第一口水。冲突很快升级，两只狮子终于大打出手。突然，这两只争斗的狮子发现，有一群土狼正围着它们，等着失败者跌倒。于是，两只狮子忽然醒悟，停止了争斗，各自安全走开。

时代变化了，现在的商场并不是你死我活的战场，商业竞争不是改朝换代，不需要依靠推翻别人成就自己，共赢才是当今社会的主题。以利人利己的共赢思维做大市场，而不是以"杀敌一千，自损八百"的赌气式竞争心态，最后两败俱伤。

你好我好——人人幸福才是成功

春夏秋冬，斗转星移，日子就从我们的生活里过去了。日子是柴米油盐的崎岖风景，酸甜苦辣咸的五味与之相伴。事业、爱情、衣食住行、锅碗瓢盆……烦琐的一天又一天，堆成一年又一年。在这不经意的时间流逝当中，有的人生活得成功快乐，有的人活在痛苦中无法自拔，同样简单却琐碎的日子却有不同的结果，之所以会这样，根本原因就在于心态。

对于拥有阳光心态、懂得和谐自强的人来说，幸福是触手可及的。幸福没有具体的形态，生活也不需要标准，如果把幸福当成一种习惯，幸福就会永远跟在我们身边，不离不弃。

一天清晨，在一列老式火车的卧铺车厢中，有5个男士正挤在洗手间里刮胡子。经过了一夜的疲倦，清晨通常会有不少人在这个狭窄的地方做一番洗漱。此时的人们多半神情漠然，彼此间也不交谈。

　　就在此刻，突然有一个面带微笑的男人走了进来，他愉快地向大家道早安，但是却没有人理会他的招呼。之后，当他准备开始刮胡子时，竟然自顾地哼起歌来，神情显得十分愉快。他的这番举止令某人感到极度不悦。于是有人冷冷地、带着讽刺的口吻对这个男人说道："你好像很得意的样子，怎么回事呢？"

　　"是的，你说得没错。"男人如此回答着，"正如你所说的，我是很得意，我真的觉得很愉快。"然后，他又说道："我是把使自己觉得幸福这件事，当成一种习惯罢了。"

　　后来，在洗手间内所有的人都已经把"我是把使自己觉得幸福这件事，当成一种习惯罢了"这句极富深意的话牢牢地记在心中。

　　有一位名人说："困苦人的日子都是愁苦；心中欢畅者，则常享丰隆。"这段话的意义是告诫世人设法培养愉快之心，并把幸福当成一种习惯，那么，生活将成为一连串的欢宴。

　　在很多人看来，要想幸福就需要大量的物质做地毯，只有这样，才有追求幸福的资格。这种想法很实际，但却为幸福设置了物质的框架。

　　每个人的生活条件不同，而物质财富也确实提高了生活质量，但生活是否快乐幸福与物质条件的联系并没有想象中那样密切。有些人几乎一无所有，可他对生活很满足；有些人几乎什么都有，但他却选择了生命的结束。所以，快乐幸福生活并不是奢华品，只要有一个好的心态，平常人都能把握。

　　钱与幸福之间没有必然的因果关系，心态才能左右我们的幸福。幸福没有绝对，在口渴时有一杯水，是幸福；在饥饿时，有一块蛋糕是幸福；在寒冷时，穿着能保暖的布衣，也是幸福，洒满阳光的每一个日子都是幸福。

每个人的一生都应该是争取幸福的一生，都应该是让自己的幸福最大化的一生。每个人都必须为自己的幸福负责，而不是由他人来决定我们的幸福纲领和步骤。这一过程是冷暖自知，没有人能代替你完成这个人生的终极功课，只有你自己用日子来一笔笔亲手书写。

幸福是什么？是一种感觉，是灵魂的成就，而不是任何物质的东西。幸福不是奢侈品，它是人类的精神维生素。幸福生活的精髓，就是你在了解了幸福的真相之后，构建自己的幸福体系。

没有幸福的人，并不是幸福太贵重，无法消费，而是他们心中有着太多的欲望，眼里、心里都被其他的东西占据得满满的，没有了幸福的立脚之处，幸福自然也就无从追寻。

幸福不是奢侈品，它就存在于我们身边。每个人每天都被幸福包围，只是有些人看不到它的存在，只要用心去发现，幸福唾手可得。

幸福是一种感觉，是我们阳光心态的映射。没有失去过的人很难领悟幸福的真谛，珍惜更是无从谈起。人的思维很奇怪，看不到眼前的幸福，目光盯着远处的风景，却忘了脚下的路。这种心态让我们不懂得"珍惜"二字的含义，只有当头撞南墙，失而复得后，我们才会真正明白幸福的含义。

生活中，很多人抱怨自己不幸福，工作太忙，生活太累，都是不幸福的理由，不幸福被无限放大，似乎生活中每一件事都不如意。不幸福成了一场天灾，在抱怨的人眼中，是无可避免且事实存在的。然而，心理学却告诉我们，不幸福是一种假象，真正的原因出在心态方面。

生活中不缺美，缺的是发现美的眼睛；生活中同样不缺幸福，缺的是实现幸福的途径和方法。

对于普通人来说，生活原本没有那么多的痛苦，多数不幸源于自己的心，烦恼往往源于比较，痛苦往往源于不知足。其实，人们之所以觉得不幸福主要就是因为心里有了私欲，狭隘愁苦，自私自利，寡廉鲜耻，只想索取，不肯付出，对于这样的人来说，得到再多都可能是悲剧的导火索。

一个人的内心如果缺失美好，真实的生活就会与美好无缘，即便你身处百花盛开的春天，也有可能因为内心的阴暗而看不到绿色。

幸福存在于我们生活当中的每一个角落，只是很多时候我们忽略了它的存在！

只有自求多福、与人为善、成人之美，通过自己的努力帮助更多的人变得更幸福，我们的人生才真正成功了。

幸福在哪里——肯定不在尔虞我诈、你死我活的恶性竞争里！

幸福存在于每个人真实无欺的美好心灵、坚定执着的奋斗之旅、自利利他的成长奉献中。评定幸福的首要标准就是我们在为什么而生活，只有全心全意为祖国和人民谋利益的人才是最幸福的人。

幸福不是别人的赐予，而是自己的创造与珍惜。

第七章 自利利他

不竞争的力量案例评析

北京美妆博物馆

1. 品牌定位

中国最大的美妆文化主题博物馆。

2. 基本描述

北京美妆博物馆是目前国内最大的美妆文化主题博物馆，由中国健康美容行业资深专家、北京邦定医学美容集团企业董事长杨志刚教授个人发起并出资出力，团结业界数百位专家、企业家同行历经多年努力，付出巨大心血建成的中国首家美妆博物馆，是集收藏、保护、研究、教育、服务、展览于一体的公益性文化中心。目前拥有各类藏品 14000 多件，还在不断扩大藏品和展览规模。

博物馆展示了一幅完整的中国美业文化和国际科技美容化妆品历史全景，集收藏、研究、展示于一身，是大众了解中国美容化妆品历史的园地、美妆界回顾中国美容化妆品行业成长的历史长廊。

博物馆根据美妆文化的独特发展足迹，以实物、图片、绘画、书籍、文字描述为主，全面系统地展示了美容化妆品行业历史发展的轨迹，上起远古时代美容化妆文化的起源，下至近现代美容化妆繁荣兴盛时代，时间跨度长达千年，荟萃古今中外罕见珍稀的各类美妆藏品。

中国美容化妆史是一部变迁史、创新史，它的传承和演变从一个侧面反映了人类政治变革、经济变化和风俗变迁。其中上古三代的青铜器、汉代的铜镜、唐宋的粉盒、民国的妆奁配饰等都是弥足珍贵的文物。

在精品展厅中的法国派，从雅漾（Avene）、娇兰（Guerlain）、妙巴黎（Bourjois）、赫莲娜（HR）、科迪（Coty）、欧莱雅（L'Oreal）、香奈儿（Chanel）、薇姿（VICHY），到迪奥（Dior）、思蒂（Sothys）、碧欧泉（Biotherm）、娇韵诗（CLARINS）、圣罗兰（YSL）、希思黎（Sisley）等，借由这些经典的法国化妆品牌传奇，我们可以穿越时空去感受那份对完美容颜的执着。

在精品展厅中的国际厅，有蜜丝佛陀品牌（Maxfactor）、妮维雅（NIVEA）、旁氏（POND'S）、曼秀雷敦（Mentholatum）、日本桃谷顺天馆明色（MEISHOKU）、资生堂（Shiseido）、雅德莉（YARDLEY）、雅芳（AVON）等著名国际品牌的发展历史及特色产品介绍，堪称世界美妆的文化秀场，引来众多媒体和时尚人群、美妆行业广大从业者的热烈追捧。

3. 发展历程

北京美妆博物馆根据美妆文化的发展足迹，每月举行多元化的专题展览，并辅助常设展。展览分为美发发展史、芳香类发展史、个人护理清洁用品发展史、药妆发展史、整形美容发展史、男士用品发展史、彩妆发展史、美甲发展史、唇彩口红发展史、减肥发展史、梳妆镜子发展史、抗衰老发展史等分阶段展出，让广大爱美人士一睹绚丽的美容化妆品文化。

首届中国美妆历史文化发展研讨会暨美妆博物馆百年国货精品展于2013 年 1 月 31 日在位于北京西长安街玉泉路邦定大楼举办。

为有效传播美妆文化，北京美妆博物馆还付出大量人力物力，与美容化妆行业的大型展览、论坛进行战略合作，不辞劳苦在北京、上海、广州、西安、重庆、太原和武汉等地举办美妆文化专题展，坚持展出兼具艺术审美与创新精神的美妆藏品，为各地从业者及人民群众带来美妆文化盛宴。

2013 年 11 月 19 日，法国美妆文化发展论坛暨法国思蒂品牌展在北京美妆博物馆盛大举办，此次研讨会上，作为法国美妆文化代表品牌——法国思蒂献上了美妆历史文化展。

具有 68 年深厚专业护肤研发背景的法国思蒂（Sothys）品牌，拥有渊源的成长故事及文化底蕴。正如思蒂品牌创始人 Bernard Mas 先生所秉承的理念，美应该是文化与品位相融合，美是全人类对生活的美好向往。Sothys 产品作为法国当地特色礼品由瓦莱丽夫人作为国务赠品赠送给美国总统第一夫人米歇尔·奥巴马。法国思蒂集团总部 Christine Legrand 女士表示非常高兴能够来到北京美妆博物馆参加此次盛会，对于杨志刚教授创办美妆博物馆的举动表示了敬重，并赠送了代表法国文化的礼品。

4. 发展规划

北京美妆博物馆昌平基地正在建设中，面积近 3000 平方米，规模更加宏大。北京美妆博物馆目前正在积极整合资源，部分展品不久将在中国台湾博物馆展出。

为了加强美妆文化交流，北京美妆博物馆依托国内外美妆行业专家委员会的科技优势和文化资源，搭建美妆文化的分享与研究、美妆经验的交流和提高、委员和会员的交流平台，特成立美妆专家俱乐部，将不断举行说明会、组织会员活动、共享人才招聘、高端研讨会等系列活动。

北京美妆博物馆致力于团结权威专家与策划机构，通过收集展示各类美容化妆品系列主题藏品，扶持关联企业有选择地复兴中华民族代表性的文物级美妆品牌，或者帮助具有战略眼光的现代企业以收购藏品、延续历史、传承文化的方式与世界百年品牌联姻，为企业发展插上品牌文化的翅膀；同时，用文物藏品和历史文化为现代美妆品牌建设与发展注入强大的软实力，振兴具有独立知识产权的中国现代美妆品牌，大力提升中国美妆工业的国际竞争力。

北京美妆博物馆愿意借助社会力量，通过藏品的交流，不断充实博物馆展览内容。举办"捐出你的美妆物品，获得一份美丽回报"大型公益藏品互换活动。只需提供与美妆文化有关的见证时代变迁的美妆历史文物藏品，如香水用品、美发用品、梳妆用品、彩妆美甲用品、护肤品、胭脂用品、保健用品、整形美容用品、剃须用品、美白祛斑用品、粉妆用品、清洁用品、美齿用品等，博物馆将签注捐赠人姓名，特别准备了与捐赠美妆用品同等价值的礼品作为回赠。美容化妆作为历史发展中一种独特的文化，是需要分享、需要传递的。

5. 历史使命

中国数千年的悠久历史、灿烂的华夏文明令世人敬仰，不断出土的众多古文物和艺术品，凭借其深厚的艺术底蕴造就了博物馆文化。人类的发展历史同时也是追求美丽的历史，美妆文化的传承和演变从一个侧面反映了人类政治变革、经济变化和风俗变迁的历史。

目前的中国处于文化发展的大好时期。从国际上看，文化被视为国家的"软实力"，是一个国家核心竞争力的重要组成部分，文化产业在发达国家成为国民经济的支柱产业；从国内看，文化体制改革正向纵深推进，文化事业快速发展，文化产业蓬勃兴起，文化与其他经济门类关联度高、互利性强等特色逐渐被认知。正因如此，打造一个涵盖面广、针对性强的美妆文化资源整合与沟通交流平台，对于中国美妆发展史建设不仅意义重大，而且必不可少。

北京美妆博物馆正是在此时代背景下应运而生，独特的文化定位与琳琅满目的美妆文物赢得行业内领导、媒体代表的高度评价，大家惊叹于美妆文化博大精深的同时，纷纷对北京美妆博物馆为中国美容化妆文化所作出的贡献表示赞赏和肯定。

不看历史，无以知现在；不念过去，无以观未来。大格局才能大担当，大付出才能大回报。北京美妆博物馆日益凸显的行业地位和历史文化传播价值给我们带来全新的启发：美妆趋势研究包括文物历史、发展理论和未来判断，更是对已发生美妆产业历程的总结和展望。北京美妆博物馆为广大民众提供了一个了解美妆历史的园地，为美妆界建立回顾行业成长的历史长廊，为专家和学者奉献研究美容化妆品发展历史的文物宝库，帮助大家在了解美妆历史沿革及特色文化的同时，进一步认识美妆的过去、现在和未来。

美好星指数：

创新指数：★★★★★

爱心指数：★★★★★

财富指数：★★★★★

欧美雅洁

1. 品牌定位

中国果蔬美容养生事业的领航者。

2. 基本描述

北京欧美雅洁美容科技有限公司是国内首家以新鲜瓜果蔬菜为原材料、整店输出为导向、规模实力强大、极具发展潜质的美容企业，被誉为"果蔬美容养生专家"。旗下以欧美雅洁为代表，包括果草之本、果草世家、信怡美妆、果素堂等多个品牌，欧美雅洁业已成为国内美容养生行业极具影响力的一支中坚力量。

欧美雅洁果蔬面膜全部采用新鲜的瓜果蔬菜为原料，根据顾客不同的皮肤类型，配以核心的"果活素"，现场调配适合顾客皮肤的果蔬面膜，精湛的组合调配技术和欧美雅洁原创成分，能促进皮肤对果蔬营养物质的吸收，使果蔬面膜的滋养成分更深透地渗入肌肤底层，使消费者获得全新的美容护肤体验。果蔬面膜具有洁肤、营养、滋润肌肤、缩小毛孔的功效，定期使用可使面容细腻、润滑，更具弹性、富有光泽，近百种不同配方的果蔬面膜各具独特功效，深受顾客的好评。

除此之外，公司秉承与时俱进、开拓创新的经营理念，近年来投入大量的人力、物力、财力，将中国古老传统中医学养生理论及经络按摩实用技术与新世纪的美容护肤进行有机的结合，从根本上改善当代都市人身体亚健康状态。欧美雅洁将国际上流行的香薰养颜、中医养生和SPA护理与果蔬美容相融合，在护理项目上不断推陈出新，在满足补水、美白、淡斑、祛皱等常规美容需要的同时，又导入了健康、安全、有效的中医养生项目，真正做到养在内、美在外的护理理念。

3. 发展历程

2003年筹建的欧美雅洁是果蔬美容这一理念和技术的创造者与领导者。欧美雅洁一直倡导"内养外调"的美容护理理念，将绿色果蔬美容护肤和传统中医养生相融合，在传承与创新的基础上推动欧美雅洁果蔬美容事业取得了长足的发展，同时也使"果蔬美容"这一理念在中国美容发展史上写下了重要的篇章。

同时，欧美雅洁也是中国美容行业特许连锁经营的先行者，拥有先进的经营模式和完善的企业体系，凭借强大的实力、先进的模式、完善的体系及正规的经营，于 2008 年率先通过了国家商务部特许经营资格备案，具备法定的特许经营资格。

历经 10 年的发展，欧美雅洁在得到社会各界的大力支持下，目前已成长为中国美容养生行业最具经营规模及影响力的品牌之一，品牌加盟店及代理商在 10 年中已遍布全国各个省、市、自治区 300 多个城市，服务于数十万的爱美女性。

4. 未来规划

欧美雅洁的长远目标是打造中国美容养生行业领导品牌！

5. 核心特色

（1）欧美雅洁——相融共生的合作者

吸收中国传统的仁义道德哲学思想、结合西方标准化管理的经营原理、融入现代市场的先进营销理念，三者合而为一，这就是欧美雅洁的核心经营理念！

贯彻着这一经营理念，欧美雅洁积极团结广大加盟商，共同把握市场机遇，努力实现双赢的经营局面。欧美雅洁拥有先进的经营模式及健全的售后服务系统，组建了一支强势的售后服务队伍。从品牌授权到创业方案，从市场调研到产品开发，从培训教育到经营指导，从品牌宣传到终端推动，无不致力于为广大加盟商打造良好的事业发展平台。

（2）欧美雅洁——积极回馈社会的爱心企业

欧美雅洁是一家深具社会责任感的企业，在追求自身发展的同时，积极回馈社会。无论是为希望工程奉献爱心，还是为灾区捐款捐物；无论是为推进行业的发展而积极奉献，还是为促进社会的和谐添砖加瓦，到处都充满着欧美雅洁奉献爱心的身影！

欧美雅洁一直以来致力于社会公益事业，在保障企业的各项生产经营活动正常进行和提升员工生活品质的前提下，积极投身社会公益事业，曾多次与一些国内知名的创业投资类媒体共同合作举办"免费创业活动"。通过评选，对适合条件者提供创业项目以及产品、设备、资金、人员等多面的支持。欧美雅洁积极响应 YBC（青年创业基金会）等社会团体号召，参与扶持活动，对青年创业提供优惠和帮助。

在 2012 年，欧美雅洁总经理高炜受央视七套《阳光大道》栏目邀请，出任创业公益栏目《阳光大道》的圆梦团嘉宾，并作为《阳光大道》栏目合作伙伴，对创业者提供项目支持，一起帮助他们切实解决创业过程中缺少规划、缺少资金、缺少项目的难题，为众多有志创业的人士实现创业的梦想。

6. 嘉宾心语——高炜[①]

弹指凝眸间，细数欧美雅洁竟已在北京这片古老的土地历经了十个寒暑。

当果蔬美容刚刚进入大众的视野，当我们用新鲜的瓜果蔬菜为顾客现场调制果蔬面膜，这种天然、绿色、环保、健康的新式护肤理念立刻得到了众多爱美爱健康女士的认可。一时间，我们的果蔬美容吧门庭若市，慕名而来的顾客络绎不绝，又惊又喜的我们只有废寝忘食地做好每一个来访者的接待工作。

最值得书写的就是我们可爱可亲的同事们，我们因欧美雅洁而结缘！从互不相识的陌生人到现在的朝夕相处、情同手足的兄弟姐妹；从当初青涩的懵懂少年，到如今专业的美容行业精英，公司领导的关心爱护，同事间的互帮互助，工作上的默契配合，你们已经被我收在心里最柔软的地方，轻轻的触碰都会涌出浓浓的感动，足以让我动情……

数年来，在每一位欧美雅洁人的努力和辛勤工作下，我们的果蔬美

---

① 高炜系北京欧美雅洁美容科技有限公司总经理。

容养生事业取得了长足的发展和进步，公司规模逐步壮大、品牌影响力不断扩大、产品品质不断得到提升、服务质量也得到众多客户的认可，逐渐由一个名不见经传的小公司成长为美容界的领导品牌、行业翘楚。十年搏击，十载风雨，欧美雅洁人凭借着睿智冷静、坚忍果敢创造出的辉煌成绩足以堪称美容界的奇迹！

当喜悦在稻香中飞扬，当激情在丰收中绽放，让我们翘首以盼，相聚下一个十年！豁达乐观的欧美雅洁人定会继往开来，共创下一个十年辉煌！

美好星指数：

创新指数：★★★★★

爱心指数：★★★★

财富指数：★★★★★

爱莲国际

1. 品牌定位

美妆行业文化营销倡导与践行；美妆行业赢利模式定制专家。

2. 基本描述

爱莲国际集团专注于中国健康、养生、养老、美妆行业，以顾问咨询、教育培训为主业，为企业提供商业模式定制方案，以"让中国美妆行业更受尊重"为使命，不断钻研和吸取最新最专业的管理方法和经营理念，以快速赢利、持续赢利、连锁复制三套赢利模式帮助企业顺利完成从创办期、成长期到壮大期的过渡。

以专业系统为成功基础，把文化营销与大爱责任作为软实力输送给广大合作伙伴，爱莲国际集团坚持践行"做事之前先做好人，客户成功自己才能成功"的理念，帮助客户轻松掌握企业经营的系统方法，提升行业使命与服务价值，真正实现企业良性发展。

- 2013 年爱莲国际集团参与《美容服务面部护理操作技术要求 SB/T 10992—2013》国家标准制定；
- 2013 年爱莲国际集团蒋令博士代表中国美妆行业向国务院提案《关于创办中国美妆行业第一所行业大学的必要性报告》；
- 2005 年爱莲国际集团蒋令博士组织编写并出版我国高校第一套规范性连锁经营管理系列教材（9 本）；
- 2000 年爱莲国际集团彭雅翎教授组织开发我国美妆行业第一套规范性标准化店务管理软件；
- 1997 年爱莲国际集团彭雅翎教授组织编写我国美妆行业第一本经营管理专业书籍。

3. 发展历程

17 年来，爱莲集团在蒋令博士、彭雅翎教授的精心耕耘下，以"心中有大爱，莲花处处开"的品牌理念，以系统制胜的独特视角和不附带任何产品销售的专业、专注原则，为美妆企业在经营管理过程中铺设战略规划、品牌管理、企业文化渗透、连锁复制四大持续钱流管道，同时，在美容院门店铺设顾客管理、卡项管理、员工管理等 24 套钱流管道，帮助数千家大型美容企业实现了 3 倍以上的业绩增长，在行业奠定了至高的专业性和威望。

因为专业，所以卓越；心中有大爱，莲花处处开。

长期以来，爱莲国际集团为助推中国美妆行业健康持续发展不懈努力，在行业塑造了良好的口碑和影响，以中国美妆战略规划专家、中国连锁经营管理资深研究专家蒋令博士和美妆企业赢利模式研究专家、美妆业资深店务管理专家顾问彭雅翎博士为主，爱莲专家顾问团队矢志不渝，跋涉在祖国的大江南北，辅导数以千计的企业从濒临倒闭的边缘转危为安，有的企业甚至突破了 10 倍以上的业绩增长。

4. 未来规划

用专业的管理工具成就中国美妆行业冠军品牌，从而引领行业健康持续发展！

- 2014—2016 年：爱莲快速赢利总裁班在中国完成 1000 家美容院；
- 2017—2020 年：爱莲持续赢利模式在中国完成 100 家美容院；
- 2020 以来：爱莲整店输出模式开始。

5. 特色文化

- 爱莲国际企业文化

爱莲的品牌文化：心中有大爱，莲花处处开

爱莲的企业愿景：让中国美业更受尊重

爱莲的企业使命：员工成长的摇篮，客户成功的源泉

爱莲的服务理念：客户价值高于一切

爱莲的团队信念：心有大爱，人人皆佛；心有大善，事事圆满；心有大孝，家家幸福

爱莲的经营理念：专业成就卓越

爱莲的经营定位：专注、专业、专家

爱莲的发展战略：专注美妆行业、专业管理模式、专家顾问服务

爱莲的核心业务：业绩倍增模式、持续赢利模式、连锁复制模式

爱莲的业务模型：教育培训模式、顾问咨询模式、整店输出模式

爱莲的人才战略：搭建成长平台，强化专业培训，实施专家计划，成就员工价值

爱莲的成功基石：用使命经营事业，用品牌成就企业，用文化

振兴行业

- 爱莲管理咨询公司

中国美妆业《业绩倍增模式》创始者！

中国美妆业《持续赢利模式》领导者！

中国美妆业《连锁复制模式》制定者！

中国美妆业《美容服务面部护理操作技术要求 SB/T 10992—2013》国家标准制定者！

中国美妆业第一套标准化管理软件开发者！

中国高校《国际连锁经营管理系列教材》（9 本）编写者！

- 爱莲商学院

中国美妆业《连锁复制》总裁班创始者！

中国美妆业《业绩倍增》店务班创始者！

中国美妆业《标准化店务管理模式》制定者！

6. 嘉宾心语——彭雅翎教授[①]

我总结过去从事一线销售、经营企业和这些年为美妆企业做培训以及顾问系统导入的经验发现，无论是一个人还是一家企业的成功，都离不开态度、系统与模式金三角的黄金定律。态度教我们如何做人，系统教我们如何做事，模式则是打造一个平台，让所有的人和事都可以在平台上创造更大的价值。在中国美妆行业，我们很多同行过于重视态度和短期见效的销售技能训练，在对员工的心态与激励方面不惜代价做足了文章，而在专业系统与科学模式上却往往不够重视，导致团队急功近

---

① 彭雅翎曾经创办广州慧桥商务管理学院，开发中国美容行业第一套标准化店务管理软件，主编中国美容行业第一本标准化店务管理专著。一直致力于推广和普及"美容业绩倍增赢利模式"和"美容院标准化店务管理模式"，近二十年来为近千家大型美容会所和连锁机构建立标准化店务管理系统和赢利模式，众多美容院实现业绩三倍以上增长，在业界具有极高的专业性和权威性。

利，缺乏核心价值观和统一有效的行动力，企业总是透支现金流和消费信任，难以在健康规范的康庄大道上持续前进。

这是一个团队作战、系统制胜的时代，这是一个必须敬畏因果、尊重人心的时代。为企业建立系统是企业家的责任，企业没有系统老板等于在犯罪！过去经营可以靠直觉、靠投机取巧，未来的企业成功必定决定于系统！

全球最顶尖的商业系统规划者爱德华·戴明博士强调：在绝大多数的系统或业务情况下，94%的问题是系统问题，而只有6%的问题是特殊问题。因此，建立完整实效的系统就已经让企业成功了94%，爱莲以能帮助您建设专业实效的赢利运营系统为荣。当然，我本人也为爱莲广大合作伙伴的学习力喝彩，为大家所创造的辉煌成就喝彩！

心中有大爱，莲花处处开！让我们携手同行，共创美好未来！

美好星指数：

创新指数：★★★★

爱心指数：★★★★★

财富指数：★★★★

紫荆女性俱乐部

1. 品牌定位

华人女性连锁培训机构。

价值观：一女贤德惠及三代。

使命：通过开展女性文化教育活动，推动实现中华民族伟大复兴。

愿景：把女性"厚德载物"之美德发扬光大，促进人类世界和谐。倡导会员健康、快乐、幸福、迁善地生活，日行一善，福慧双修。

2. 基本描述

紫荆女性俱乐部成立于 2005 年。"紫荆"出自南朝吴均《续齐谐记》典故，象征和睦、团结、友爱、和谐。

创办 8 年来，紫荆女性俱乐部凭借领先的课程理念，强大的师资阵容，以及公开课、论坛、沙龙、参观访学等多种活动形式，为来自全国的女性精英们构建了学习知识、发展事业、广结人脉、修炼身心的平台。

到目前，俱乐部累计培训学员 20000 余名，其中全国很多省、地市级妇联、组织部、人事局、工商联、政法委、工会、女企业家协会等部门组织学员来俱乐部学习。学员既有企业单位的高管（包括董事长、总裁等），又有政府官员（包括人大常委会主任、政协主席、区长、县长、局长、党委书记、妇联主席等）。企业学员遍及房地产、投资、矿业、物流、广告、零售、餐饮、金融、服务等诸多行业。企业规模方面，有亿元以内的小企业，也有几十亿、上百亿规模的中大型企业。

截至目前，俱乐部累计邀请师资超过 300 余名。其中包括著名经济学家魏杰、刘伟、郎咸平、温元凯等，国学专家王绍璠、叶曼、刘余莉、张洪泉、王元五等，女性形象专家徐晶、毛戈平、李嘉子、张玲等，佛教法师妙江法师、如瑞法师、果宁法师、传喜法师、戒毓法师等，知名人士关牧村、敬一丹、徐莉、马艳丽、李少红、李燕杰、彭清一等，幸福密码专题讲师边四光、孙慧琳、小刀老师等，此外还有许多企业管理专家、亲子教育专家、身心灵修炼专家等。

俱乐部开展了四届紫荆女性发展论坛，组织了年会、文艺晚会、各类活动庆典、时装表演、欣赏歌剧、联谊舞会、拓展训练、参观旅游、沙龙、读书会等各类活动 100 多场，组织了 180 多场全国各地公益课巡讲活动，移动课堂曾经到达十几个城市。

3. 核心特色

截至目前，俱乐部已经开展了四届引起巨大反响的紫荆女性发展论坛，论坛是由紫荆女性学堂联合多家主办单位共同举办的大型女性学习、交流与评选表彰的大会，是目前中国规格高、公信力强、知名度大、主题多样的卓越女性、魅力女性的经验交流与价值展示的平台，是聚焦女性幸福、促进女性创业、激发公益爱心的年度女性盛会。参会对象为女企业家、女性管理者和事业单位、政府机关的女性领导者。

2009 年《紫荆女性》学员内刊（双月刊）创刊，内容包括讲师授课纪实、学员风采展示、热点话题探讨、女性话题文摘等。内刊除了免费赠送学员外，还向全国地市级以上妇联及部分县级妇联、其他女性组织免费邮寄，成为独特的文化传播载体，深受广大俱乐部会员和高端女性群体欢迎。

4. 未来规划

（1）2015 年 12 月 31 日前，在全国一百个地市级以上城市设立俱乐部分部。

（2）相继开展"儿童成长导师"项目、女大学生就业创业项目，开办女性电视栏目，开办女性会所，组织紫荆讲师团、紫荆女性艺术团、紫荆女性歌舞团、紫荆女性礼仪团，紫荆女性俱乐部行业分部陆续成立，全国性纵向活动（比如各类比赛活动）相继开展，为有相关爱好及特长的会员搭建自我提升、自我展示的舞台。

（3）分部运营模式。

成立紫荆女性俱乐部分部，前期在当地做 1~2 场公益课，课题以家庭、情感内容为主，由总部聘请一流的讲师讲授。公开课筹备时间一般在一个月左右，开办时间一般安排在周末进行，参加人数一般在100人左右。

有一定数量的学员报名成为俱乐部会员后，俱乐部分部即行成立。

随后，分部会排列课表，逐步引入企业管理、女性形象、家庭关系、亲子教育等课题，组织各类联谊、游学等活动，为会员提供服务。

会员采取收费制。会员既可以在当地，又可以在全国其他开设分部的城市上课、参加活动。

5. 嘉宾心语——刘艺[1]

"世之治乱，家之兴衰，悉由女人能尽职分与否耳。""教子为治平之本，而教女为尤关切要。""自古圣贤，均资于贤母……既非贤妻贤母，则相者教者，皆成就其恶，皆阻止其善也。"印光大师关于女性教育重要性之论述，本人认为精深至极。通过开展女性文化教育，可以推动实现中华民族伟大复兴的中国梦，让人们生活得更美好。

"一女贤德惠及三代"。一个女性加入俱乐部，有助于实现其全家三代的幸福；有一定数量的高端的、有影响力的女性加入俱乐部，就能推动建立一个和谐的社会。

紫荆女性俱乐部欢迎有爱心、有社会责任感的各界人士走进这个充满美好大爱的家庭，与我们共同开创这一提升人类幸福指数的伟大事业！

美好星指数：

创新指数：★★★★★

爱心指数：★★★★★

财富指数：★★★★

---

[1]　刘艺系紫荆女性俱乐部创办人、紫荆讲师团理事会理事长。

日本 DHC 化妆品

1. 品牌定位

全球首创通信销售模式的化妆品品牌。

2. 基本描述

上海蝶翠诗化妆品进出口有限公司是一家跨化妆品与保健品两大行业的进出口公司，专门代理日本 DHC 化妆品。公司完全采用日本 DHC 公司的销售模式，在全国范围内展开通信销售，在上海设有严格准确的物流管理系统，实现电脑联网，保证快捷、准确地送货，并向广大消费者承诺：电话、网上购物，保证回答迅速；全国只有一个订购电话、一个网址，严防假冒；所有产品 100% 原装，保证全包装日本进口；先试用，后购买，保证客户安心购物；产品送达后 8 天以内可自由退换货；传递美容信息，赠送免费会员杂志。

3. 发展历程

DHC 是 Daigaku Honyaku Center 的缩写，意译为大学翻译中心，是由现任社长吉田嘉明于 1972 年创立的。最初主要从事翻译业务，其后陆续拓展至拥有多个事业部的庞大企业集团。DHC 公司自 1983 年开展化妆品业务以来，旗下的产品从基本的肌肤护理品开始，至彩妆、美体护发用品、男士护肤品以及健康食品，均是以关注人体需要，利用天然元素为主要成分，再经过长时间不断研发创新的产品，体现了自然与科技的高度结合。DHC 品牌化妆品 30 年来一直畅销，订购电话成为名副其实的"热线"，是日本极具人气和有口皆碑的化妆和保健品牌。

除了在日本国内保持着持续增长的高销售量之外，DHC 公司也积极开拓海外市场。目前其独资公司以及销售网络遍布美国、瑞士、韩国、泰国等国家和中国香港、中国台湾地区，所到之处，其品质、纯度、效能都广受认可。

2005 年 1 月 8 日，已取得日本 DHC 化妆品在中国总代理权的上海蝶翠诗化妆品进出口有限公司正式启动 DHC 在中国内地的事业！

4. 核心特色

（1）特色一：崭新的购物模式

仅仅十几年的时间，DHC 公司几乎以奇迹般的崛起和颠覆性的成功打乱了日本化妆品市场的格局，引得日本经济界和媒体的专注研究和长期关注。DHC 公司自 1995 年创立并实行化妆品通信贩卖这一独特的销售模式以来，通过日本国内和其他地区的实践证明和市场考验，都获得了巨大的市场效益，保持着惊人的电话订购量和通信邮购量，一跃而成为日本化妆品行业的前茅品牌。

通信贩卖这一营销方式的流程为：大量赠送广告产品目录和试用装，顾客通过电话或互联网完成购物，公司送货上门。这一销售模式省略了任何商家、店铺的中间环节，直接面向终端用户，把最大的优惠让利给消费者，资金更可直接投放在客户服务、产品品质的研究中，使顾客以最实惠的价格买到精良优质的产品。因此，DHC 称：同样的化妆品质量，DHC 价格最低，而同样的价格，DHC 质量最好。

为了使顾客安心、放心、省心地购买产品，DHC 采用免费赠送试用装的方式，使顾客在购物之前对产品就有亲身体验，自行决定是否购买。这种"先用后买"的销售方式代表着 DHC 对产品质量的充分自信心以及设身处地为消费者着想的原则。

DHC 全面登陆中国上海启动的推广做法同样令人耳目一新：大面

积直投 DM、《瑞丽》等时尚杂志，使用媒体代码控制有效传播率的广告投放打法、广告片的高超创意和对于网络媒体的传播利用技巧都带给市场全新的启发。

（2）特色二：与客户建立密切关系

DHC 描述公司信念时说：只有了解顾客的需要，才能为他们提供最合适的产品。因此，DHC 与顾客间的联系工作进行得多种多样，每月免费寄给会员的月刊《Olive Club》，便是其中一个有效的沟通渠道。除了新产品介绍、美容产品资讯、健康专题外，月刊中还特别设有会员留言板，让顾客分享用后感及使用心得。而通过其售后服务热线，顾客们更可直接向 DHC 提出各项建议，彼此关系更为密切。

另外，DHC 免费派发试用产品，力图让更多人能亲身体验产品的功效、建立对品牌的信心。为了提高营运效率及服务素质，DHC 亦实行全面电脑化，并配备完善的资料处理系统，由订购至运送，所有的程序均由中央部门处理，公司以安全而高效率的服务深得顾客信赖与高度评价。

DHC 网站为会员和非会员提供了操作非常简单的电子商务平台，消费者可以通过网站输入自己的用户名和密码，选择自己需要的产品代码和数量，就可以进行轻松购物；同时通过网络营销工具，如网络社区、论坛、博客、QQ 群、MSN、飞信等宣传方式进行网络宣传，以吸引更多的消费者进行享用。

5. **嘉宾点评：小刀老师**

2002 年五六月份的某一个周末，我作为媒体人接到一个 DHC 中国大陆负责人的咨询电话，就此揭开与 DHC 的渊源，她们非常谦虚地做了很多关于中国市场、政策、资源、广告传播等方面的正式和非正式的咨询，我本人和所在的媒体机构尽可能地提供了必要的媒体传播和专业支持。后来，书来信往之间，我们成为很好的朋友，关于与中国邮政、电信部门的政策衔接、全球通会员网络的分析与借力、策划印量近百万份的会员刊、媒体广告编码统计流量并且按效果付费等都是这家企业的独到之处。

DHC 公司从企业创办人到中高层职工仅仅从学历指标上看就明显高于同等企业，公司极其重视口碑传播和文化环流的建设。不论是立体的品牌形象广告，还是面对荣辱与共的员工和广大消费者，DHC 公司努力建设并且传达给市场这样一个信息：我们尊重文化，尊重任何一个消费者，尊重合理的商业利益。

通信销售是 DHC 的独创，这家企业在中国大陆进行了大量本地化改进，同时顽强坚守核心特色，这非常值得敬重。

美好星指数：

创新指数：★★★★★

爱心指数：★★★

财富指数：★★★★★

风铃美业集团

1. 品牌定位

风铃美业集团致力于美容院直营连锁、化妆品商贸代理、美容学历教育、美容养生文化服务等领域，做中原美容行业全面进步的领航者和推动者。

2. 基本描述

风铃集团成立于 1996 年，是一家以经营美容院连锁、化妆品商贸代理、美容学历教育、美容养生文化服务为主营业务的美容集团公司。作为河南美容行业的健康护肤开创者和领导者、省内最大的美容企业，18 年来，风铃集团始终站在河南美容行业、健康护肤的前沿，全力传承发扬美容 SPA 文化，使用最新的美容产品和技术，专注研发最新的美容技法，带给河南女性品质、健康的美容生活。

公司成立伊始即确定了走品牌化经营道路，18 年来秉承"根植美业，品质至上"的核心价值观，通过"用心服务，创新服务"引领河南女性体验最先进的美容服务。风铃企业为河南美容行业的提升和发展所做的不懈努力获得了政府、专家、同行、客户、员工的一致认同。

风铃集团将自己定位为做中原美容行业全面进步的领航者和推动者，扎根中原大地 18 年，坚持"让河南女性享受到最好的美容服务"的发展理念，并逐渐形成了"风铃美肤""风铃商贸""风铃学校""风铃书院"等品牌，提升了河南美容行业的整体水平，让更多的中原女性享受到了最好和最先进的美容护肤服务。

经过 18 年的市场拓展，风铃集团已经成为河南最大的美容集团化公司。目前在郑州市拥有 18 家自营连锁店面，经营面积 2 万余平方米；在省内二级地市拥有 200 余家产品加盟店，公司员工 500 余人；风铃学校拥有 500 余人的在校美容学生。

风铃集团将始终坚持立志为河南美容行业和全国美容行业的发展、民营企业的振兴、国家的富强作出自身贡献。

3. 发展历程

（1）美的起源——风铃酒吧

1996 年：风铃音乐酒吧创立，是当时最具风格化的酒吧之一。

（2）专注美业——风铃美肤

1999 年：风铃美肤纬一店隆重开业，引领时代之先，谱写了风铃美肤的精彩开篇。

2009 年：风铃美肤仙颜风铃尊尚会所、中环店开业，风铃美肤直营连锁店面达到 15 家。

2013 年：风铃美肤万达店开业，风铃美肤郑州直营连锁店面达到 18 家，持续领航中原美业。

（3）加盟代理——风铃商贸

2002 年：风铃商贸成立，开创美业品牌代理和店务咨询的新时代。

2005 年："赢天下"成功，风铃商贸登上行业的潮头浪尖，被河南省乃至全国同行所关注。

2008 年：风铃商贸已将韵姿、希纯、祸玳、贝斯特、金瑶瑶浴、摩力沱等国际一线品牌成功推向河南。

2013 年：风铃企业"1＋3"造血工程圆满结束，风铃商贸在省内二级地市产品加盟店达到二百余家。

（4）美容教育——风铃学校

2009 年：风铃职业教育学院成立。

2011 年：风铃美妆专业落户河南商务学校、河南工业科技学校，开风气之先，成为国内专业美容师培养的摇篮。

2012 年：与全国"211"重点大学郑州大学护理学院签署合作协议，共同开发中专、大专、本科类美容专业。

2013 年：风铃美妆专业即将进驻四川。

（5）美容养生——风铃书院

2013 年：风铃书院成立，开启系列国学养生课堂，11 月第一期身心双修·辟谷禅成功举办，12 月第二期归藏养生·辟谷禅成功举办。

4. 未来规划

美丽行业是永远的朝阳行业，未来几年是风铃集团稳步发展、实现跨越的历史性时刻。风铃将坚定地做中原美容行业全面进步的领航者和推动者，致力于美容院直营连锁、化妆品商贸代理、美容学历教育、美容养生文化服务等领域，将风铃美肤做深做细，将风铃商贸做广做透，将风铃学校做大做强，将风铃书院做精做润。

未来 3 年，集团将拥有 20～25 家直营连锁门店，三百余家产品加盟店，6～8 家风铃学校，3～5 个风铃书院核心系列课程。

5. 核心特色

（1）综合布局：中原美业全面进步的领航者和推动者

布局中原美业，以美容院直营连锁、化妆品商贸代理、美容学历教育、美容养生文化服务等领域为发力点，做中原美业全面进步的领航者和推动者。

（2）核心价值观：根植美业，品质至上

扎根美业，整体布局和活动都基于美业展开，从开始就为客户提供高品质的产品和服务，精心挑选韵姿、禤玳等国际顶尖品牌，联盟合作的品牌均为相关业内品质口碑俱佳之选，从而保证公司的品牌形象和客户品质体验的高度统一。

（3）方法论核心：用心服务，创新服务

专业、专注的服务是风铃历经 18 年风雨、越做越强的关键核心，是用心服务让客户内心满意，是不断创新服务满足新老顾客不断发展的需求，2013 年，风铃更是推出服务品牌"心铃悦享"，为客户提供身心灵全方位的服务，打造高端个性化、高品质、高品位的美的生活平台。

（4）企业使命：倡领健康、美丽、智慧、时尚的生活方式

风铃始终以践行客户的健康、美丽、智慧、时尚生活为使命，并通

209

过美容直营连锁、化妆品商贸代理、美容学历教育、美容养生文化等领域的综合发展实践着企业的使命。

美好星指数：

创新指数：★★★★

爱心指数：★★★★

财富指数：★★★★★

格伦教育

1. 品牌定位

教育通路第一品牌，用户身边的学业规划师，教育业的贴心顾问。

以"教育送到家门口，精准的学业规划，助力用户客观选择"为核心理念，为用户提供方便、专业、客观的教育服务。

2. 基本描述

北京格伦国际教育科技有限公司（简称"格伦教育"）是一家以学业规划、终身教育为核心的全国性教育通路平台，以全方位、个性化、匹配度为基点，通过整合教育资源、搭建教育通路，把优质的教育资源送到千家万户。以中小幼成长规划、高考报考、留学、学历、技能、在职研究生、游学、企业培训等项目，覆盖0~99岁所有具有教育需求的人群，为用户提供方便、专业、客观的教育选择。

公司以整合优质教育资源，打造教育通路第一品牌为己任，先后与中国教育学会、北京教育科学研究院、中国心理卫生协会、北京开发大学等单位达成战略合作协议，不仅拥有一批顶级的教育机构合作伙伴，还与北京大学、清华大学、对外经贸大学、中国政法大学、北京航空航天大学、北京外国语大学、北京外交学院、上海同济大学等众多一流院校确立合作关系。如今，格伦教育网络已覆盖北京、河北、河南、山西、陕西、山东、四川、福建等众多城市和地区，拥有 2 家分公司，50 余家地市级咨询中心，将地方优质教育资源及特色融入格伦的血液。

格伦教育秉承教育通路第一品牌的目标和理念，以线上线下无缝覆盖彻底打通了优质教育资源和服务的流通渠道，将教育产品及服务迅速送到千家万户；以用户需求为出发点，打通教育产品及服务提供方与用户的沟通反馈通道；以学业规划为出发点，帮助用户找到适合的学习方式，打通人生各阶段的学习通道，让学习以自我发展、成就自我为目标贯穿整个生涯发展。

坚持品质诉求，回归教育本质，为更好的服务用户，格伦教育打造了一个强大的专家库。不仅有来自英国、澳大利亚等地的国际资深专家教授、国内顶级教育专家、专家型咨询老师，还拥有一支产学研一体的格伦专业队伍，力争找最专业的人做最专业的事。

自成立以来，格伦为全国 15 个省市 40 余万用户提供指导，其中留学项目以专业、贴心的一站式服务成功将 15 万学子送出国门；高考报考项目 2013 年报考成功率 100%，其中 5 分内压线报考成功率高达71%。格伦教育以精准的学业规划、客观的教育指导帮助用户找到适合自己的学习方向，得到了众多用户和行业专家的认可。2013 年，在新浪教育盛典中，荣获"年度最具品牌价值教育连锁机构"称号。

如今，格伦教育肩负着新的历史使命，秉承"教育送到家门口，精准的学业规划，助力用户客观选择"的教育理念，以更加谦虚谨慎、开拓进取的精神，努力"快乐成长，均衡发展，个性突出，成就自我"

211

的教育梦想，向着特色鲜明的教育通路第一品牌目标迈进。

3. 发展历程

（1）2008 年

与中国人民大学、对外经济贸易大学、北京航空航天大学、北京师范大学合作开展国际教育。

（2）2010 年

北京格伦国际教育科技有限公司成立。

运营德国高中生项目。

收购 WBW 英语词汇学习网站。

（3）2011 年

引入美国 IEP 课程。

开发"学习成长就业一站式会员服务管理系统"和"人生规划职能测评系统"。

引入英国 ALEVEL 课程和美国 SAT、AP 课程。

（4）2012 年

教育咨询中心、就业服务中心网络正式成立。

河北、河南、山东、内蒙古等地正式建立咨询中心。

荣获"2012 年度中国十佳教育连锁人气品牌奖"。

（5）2013 年

咨询中心网络已覆盖河北、河南、山东、山西、内蒙古、四川、宁夏、广西、湖北、江苏、江西、福建、广东等近 20 个省市。

与中国教育学会、北京教育研究院、中国心理卫生协会、北京开放大学等成为战略合作伙伴。

与清华大学、北京大学、对外经济贸易大学、中国政法大学、北京外交学院、复旦大学、上海交通大学、南开大学、太原理工大学等国内一流院校建立合作关系。

留学教育覆盖美国、英国、加拿大、澳大利亚、法国、新加坡、德国、意大利、日本、韩国、新西兰等众多国家。

荣获新浪教育盛典"年度最具品牌价值教育连锁机构"称号。

4. 未来规划

未来几年将是在线教育的春天，在格伦看来，在线教育是发展的趋势，而平台模式的前景一定会更大。为了引领未来，格伦会在进一步整合更多更广泛的资源、开辟前瞻性的教育模式的基础上，继续扩大自身的教育网络，在地市级、县级城市设立更多的线下咨询中心，将格伦优质的教育资源及服务带给更多用户，为大家打造一个高匹配度、多选择性、强公信力的教育通路品牌。

未来3年内，格伦教育将在全国拥有300多家地区分公司、2000多家县级渠道服务中心、30000多个乡镇咨询服务站、100000余名教育一线营销服务人员。

5. 核心特色

作为一个教育企业，格伦和其他教育机构最大的不同是在做教育通路，可以理解为教育平台，类似阿里巴巴、苏宁、国美。只是，相较于简单的线上平台或线下卖场，格伦在通过线上平台便捷教育的同时，增强了用户体验，通过遍布全国的线下咨询中心作为用户体验中心，增强用户的真实体验，让服务变得更多元化。

其次，格伦是做学业规划的。格伦不仅通过资源整合，将众多优质的教育选择展现在大家面前，更重要的是通过学业规划对用户的教育选择、发展方向做出客观、合理的指导，帮助用户在格伦的平台上找到最适合的学习方式。

另外，格伦教育平台布局整体打造了一个终身教育体系，旗下有八个项目平台：中小幼、高考报考、学历教育、技能教育、在职研究生、留学、游学、企业培训，将教育覆盖了人的一生，在任何节点都可以在格伦平台上找到适合的学习方式。

格伦的核心价值体现为资源和服务两点。

一方面，格伦整合了国内外顶级的教育资源，包括院校、课程、师资，具备世界领先的教育资源库，成就了资源优势，让每一位用户处于更公平的统一选择平台。

另一方面，格伦以学业规划为导向，紧扣大数据时代的需要，利用权威数据优势，精细化分析，为用户提供有针对性的、客观的教育服务。以用户本身为出发点，帮助他们做出客观选择，提供个性化的教育，因材施教，这也是他们的一个特点。

美好星指数：

创新指数：★★★★

爱心指数：★★★★

财富指数：★★★★★

森淼水景

1. 品牌定位

打造水族行业中的知名品牌和品牌服务商。

2. 基本描述

奔波在繁华闹市的您渴望回归自然吗？

功成名就身心疲惫的您需要愉悦的放松吗？

森淼水景给您提供了和谐自然的全新选择！

北京森淼艺术水景空间设计是一家水景装饰一条龙服务的专业水景设计中心，包括水景装饰工程设计与制作、水草造景、海水景设计等，中心汇集了具有丰富水景专业知识的设计团队，拥有实战高效的管理经验和优质的售后团队等核心优势，创作了深受高端消费者欢迎的系列水景作品，广受市场好评。

在钢筋水泥的都市丛林，在琳琅满目的现代产品的包围中，森淼水景为我们呈现了另一种回归自然的美，当然这也是在高科技和人文服务的支持下才得以实现的：大气的水景缸给客户的空间环境带来无限的自然之美，不但可以美化室内空间环境，增加自然气场，还能平衡室内空气湿度，使室内环境更舒适温馨。同时，水景中的水草与鱼共生共乐，景致美妙，使室内更显生机勃勃，使人陶冶情操，增加生活乐趣，实现足不出户亲近大自然的美好愿望，实在是都市人群绿色生活的引领者。

森淼水景凭借敏锐的眼光和高水平的艺术审美素质，在水景艺术设计与服务领域迅速赢得市场认可，为无数都市人群带来超凡脱俗的艺术享受与身心放松。

3. 发展历程

森淼水景经过 3 年时间的专注发展，已经独具特色优势和规模优势，在业界成为迅速崛起的新锐品牌。森淼中心每年委派团队参加国际、国内的专业培训学习，参加国内外造景赛事等进修，积累了大量的实践经验和行内知识，并取得不菲的成绩：北京森淼艺术水景空间设计创始人、首席设计师冯星明在 2012 年参加中国水族箱造景大赛，其作品《魂》获最高人气奖；2013 年参加国际级赛事"中国水族箱造景大赛"，获奖作品《山峡》在现场赢得极高评价。在主创人员的带领下，森淼中心迅速拥有了各个细分项目设计团队，积累了一系列的设计经验，具有国际化的设计理念、一流的专业做工、唯美的视觉感受、独特的品位和内涵，始终坚持用作品展现自身的才华和创新、创意能力，坚持以最佳的设计效果兑现空间价值，引领高品位绿色生活，成为都市生活和商业竞争中一道独特亮丽的风景。

森淼水景以月月出新品、天天有惊喜的不断创新发展的经营模式，以产品卓越、景观艺术、优质服务的理念在水族行业里冲向了高端领域。经营美、传播关爱、用艺术与科技结合做最好的产品、真心为客户健康与快乐负责、永远追求完美是森淼不变的理念。

2011 年推出水景工程制作；2012 年推出海水工程制作；2013 年 3 月推出风水鱼缸和产品的私人定制，根据家装、商业会所风格为客户匹配定制，一经推出迅速受到市场热捧。

目前，森淼根据市场需求，陆续推出高端水景工程设计与制作；专业水草、海水景创作；各类水族箱一体式量身设计和定制；风水鱼缸定制和家装、商业风水；水族箱后期维护、咨询、指导等特色服务项目。不断结合东西方文化打造最完美的水景艺术作品、永远创造客户最满意的时尚景观是森淼人永远的追求！

4. 核心特色：帮你把大自然中的美景搬回家

（1）高端水景定制服务

自然的美景总是让人流连忘返，水景定制专家——森淼水景中心专注于高品质定制，六大系列百种产品任您定制：中式系列、欧式系列、简约系列、水景诗画系列、海景浪漫系列、迷你灵动系列，根据客户需要，实现独家定制。

森淼水景给客户带来的是高品质、高品位的享受，更是高端客户尊贵身份的完美象征。

森淼的每一款产品均独具匠心，无论从产品的品质还是水景设计的文化品位，精巧天成的艺术文化性是难以复制的，深得广大高端消费者的赞赏与信任。

（2）专业风水水景定制专家

在森淼主创团队的心目中，凝聚审美文化精华的水景缸成为装修配置的新宠，具有出众的产品生命力，而风水文化与水景的结合则更具高端针对性：金生水，水管财，森淼水景能够帮助客户源源不断生财！

古人云："山石是风水，流水是财源，有水便生财。"《易经》指出"润万物者莫润乎水"，在森淼的风水系列水景作品中，山石间树木成林，流水潺潺，预示着客户的事业蒸蒸日上，预示着客户的生意财源滚滚！风水文化做景，风水尺寸制缸，让客户的财气、福气、和气一路飙升，是商业企业和会所的首选灵物。

森淼水景致力于把客户喜欢的自然美设计出来，通过风水布局展现出主人的生活和工作空间，在愉悦身心享受无穷乐趣的同时，启发智慧，助推事业发展。

（3）一站式水景服务平台

水景艺术设计新潮而浪漫，水景技术保障和售后服务则是专业规范的理性要求。

森淼水景设计中心核心团队深深懂得专业负责、确保客户满意度的重要性，所以，几年来始终强化一站式水景服务平台的建立：水族箱为客户量身定制（免费上门测量），水草造景开缸成景（免费技术指导），国际造景比赛前200名作品和原创作品供客户选择（打造非凡水景效果），后期水族箱维护（免费赠送维护操作卡和客服微信服务平台），免费设计＋指导＋安装＋全方位的服务，一切努力都是为了客户满意！

在森淼，客户选择空间大，不同档次款式俱全，产品质量严格把关，而维护使用则非常简单，一对一的指导让客户全程无忧，同时提供

24 小时服务热线，有专职售后服务。看似简单的水景其实有一个庞大的专业系统在背后保驾护航。

5. 未来发展方向

森淼艺术水景空间设计将要加大对外宣传与品牌传播的力度，加大对外合作的深度与广度，与知名装饰公司、软件公司强强联手，推动森淼水景在水族行业里迈向更高领域。

未来 3~5 年，森淼水景设计中心将形成水景设计机构、水景服务平台、开办专业培训班，并承接"水景设计师资格证书"培训工作，为水族行业培养专业的从业人员，推动中国的水族箱文化，让中国的水族行业更加健康规范发展。

美好星指数：

创新指数：★★★★★

爱心指数：★★★★

财富指数：★★★★

美尚优媒

1. 品牌定位

美业高端定投新媒体。

2. 基本描述

全球最大网上书店 Amazon（亚马逊）创办人杰夫·贝佐斯（Jeff Bezos）曾说过，世界上只有两类生意，一类是想方设法要消费者多付钱（创新模式），另一类是想方设法帮消费者省钱（折扣模式）。而当下的互联网传播模式通过信息透明化正在迅速破坏传统的行业赢利模式。只有通过创新，升级行业的产品与服务水平，才能在互联网时代再铸辉煌。

互联网时代如何构建美业传播新模式，并在此基础上全面重构美业的批发、培训、研讨、展览模式以及全面提升品牌企业标准化的定制服务水平？

依托"优媒体"创新技术平台，北京优媒风尚文化传播有限公司成功推出美业定投新媒体——《美尚优媒》，提供面向美业经理管理者的资讯服务，同时，推出智能定制产品——《优拓卡》，以及鸡尾酒营销方案，提供面向高端品牌企业 Super VIP 的定制服务。

目前，美尚优媒荣获由全国工商联美容化妆品商会中联美标专委会颁发的"推动美业标准文化传播先进单位"称号。同时，公司先后为合生创展、路虎汽车、雪花脸谱啤酒、北京伊美尔医疗美容集团、四川悦好医疗美容集团等提供专属新媒体定制以及会员管理、异业资源整合等服务，并得到了业界广泛认可和极高的客户美誉度。

3. 发展历程

2013 年 1 月，在优媒体平台基础上，由媒体人任红创立《美尚优媒》——针对全国高端美容美发连锁机构和医疗美容机构的经营管理者，定制精品资讯、定向精准发行的美业第一高端定投新媒体。在新媒体时代，《美尚优媒》率先提出行业传播新模式——"美业鸡尾酒传播模式"，即以优媒体为中心，结合微媒体、纸媒体打造多渠道立体发布体系。2013 年 4 月，与行业六大平面媒体《医学美学美容·财智》《医学美学美容·蜜》《中国美》《中国化妆品》《中华美容化妆品》《美容美发》建立战略合作关系，在合作发行的同时，2013 年 5 月《美尚优媒》推出平面媒体视频升级计划，帮助平面媒体从图文时代升级到视频时代。2013 年 9 月，《美尚优媒》代表美业定投新媒体，与行业著名医学美容杂志《医学美学美容》和行业新锐人文 SPA 杂志《中国美》一同荣获由全国工商联美容化妆品商会中联美标专委会颁发的"推动美业标准文化传播先进单位"称号。

2013 年 10 月，针对高端品牌企业的 Super VIP 会员消费者推出了创新客户管理工具"美尚优媒——优拓卡"，作为美业第一智能定制产品，专门为高端美容美发、医疗美容机构的 Super VIP 会员管理提供专属增值服务解决方案，同时灵活立体应用"美业鸡尾酒传播模式"，为机构 Super VIP 会员提供整合营销手段。

4. 核心特色

（1）特色一：独特发行模式

《美尚优媒》以存储卡作为发行载体，以互联网作为更新通道，兼具纸媒体的真实感以及互联网的丰富性。同时，《美尚优媒》以封闭方式运营，注重资讯品质以及发行范围。一方面，这种方式替代了光盘和纸张，帮助平面媒体从图文时代升级到视频时代；另一方面，这种方式还替代了传统页面，帮助网络媒体提供精美阅读以及小众发行。

《美尚优媒》采取多渠道发行模式：高端人士精准直投、媒体合作置换发行、企业会员高级定制和异业合作礼品发行。

（2）特色二：智能定制服务

《美尚优媒》为客户提供《优拓卡》智能定制服务，从《优拓卡》硬件、优媒体内容、日常更新运营维护到线上线下互动一站式专属定制。通过《优拓卡》硬件隔离"封闭式资讯阅读环境"，坚定"专属定制、尊享服务、有价资讯"的价值传播原则。

（3）特色三：鸡尾酒传播模式

新媒体时代，如何构建行业有效传播模式？《美尚优媒》率先提出美业鸡尾酒传播模式，即以优媒体为中心，结合微媒体、纸媒体打造多渠道立体发布体系，并且根据客户类型分层级有效传播。《优拓卡》承载资讯定制（机构资讯、尊享服务、圈层生活），同时优媒体提供增值服务：灵活更新定向投递、微客服自动应答、数据挖掘、智能分流。

5. 嘉宾点评：小刀老师

我和任红是在媒体圈多年的好朋友，第一次接触由她主导运作的美尚优媒是在2013年年初的专场发布论坛上，一众圈内人士纷纷捧场，现场算得上时尚、高端、上档次。那次的论坛嘉宾和话题水平都很高，美尚优媒的理念和表现形式让人眼前一亮，回去以后第一时间我就开始激动地体验优媒体的魅力了。

似乎一转眼间，美尚优媒作为美业高端定投新媒体就频繁出现在美业人的眼中和口中，更关键的是，它潜移默化植入到很多人的心中。随着"美业优拓卡""美业鸡尾酒传播模式"的创新推出，随着陆虎、雪花啤酒等高端客户的青睐，随着众多一线品牌、明星纷纷推出定制化优媒体，美尚优媒在不到一年的时间，迅速赢得了市场的青睐。

说实在话，当初从好朋友的角度，我本人对任红的"优媒事业"多少有些担心。2013年的春天和初冬，我两次来到美尚优媒的运营中心，真切感受到这个年轻、充满激情的团队对这份美丽事业的热爱与付出；更关键的是，美尚优媒带给市场全新的传播路径，带来高端客户不同的文化价值，这让我们有足够的理由对美尚优媒的未来充满美好的期待与祝福！

美好星指数：

创新指数：★★★★★

爱心指数：★★★★

财富指数：★★★★

伊万诺服饰

1. 品牌定位

定制化专属服饰品牌。

2. 基本描述

北京依万诺服饰有限公司是一家专门从事集服装设计、生产、销售于一体的专业服饰机构，隶属于中实国际（集团）有限公司，自有定制化专属服装服饰品牌——依万诺（YIWANNUO）。

公司经过初期的创业阶段，目前已拥有现代化的工业园区合作伙伴，并从意大利、德国、日本引进了具有 21 世纪先进水平的专业流水线，规模实力与日俱增。多年来公司以优厚宽松的创业条件吸收了大批高层次专业管理及设计、技术人员，为公司提升专业水准和产品品质奠定了坚实的基础。

经过数年不断开拓进取，公司充分依托集团基础，发挥技术研发与生产优势，实施品牌与加工两步走的发展战略，现已初步形成以依万诺（YIWANNUO）为主打特色品牌，以工作服装加工为主营业务，以多元化品牌经营为核心业务，以礼品、饰品等为辅助业务，具有丰富资源整合经验的专业服务机构。

企业文化：

设计理念：提高企业形象，制作一流工装。

经营理念：艰苦创业，团队协作——企业基本精神。

诚信守约，质量为本——职业道德形象。

倡导市场，缔造品牌——企业市场理念。

市场意识：质量意识、特色意识、领先意识、战略意识、品牌意识。

团队精神：分工合作、专业专注、能力互补、共同成长、分享成功。

客户群体：

银行、证券公司、房地产、物业公司、广告业、机关团队、工矿企业、星级酒店、饭店、宾馆、高档私人会所、高尔夫球场等。

制作内容：

西服、酒店制服、保安服、衬衫、夹克、护士服、校服、保洁服、T恤衫、工程服、婚纱、礼服等各种高中档职业装量体定制等。

公司以"质量是企业生存的根本，信誉是企业生存的前提"为宗旨，坚持不懈，不遗余力为所有新老客户提供优质、满意、超值的产品，坚持做到用专业帮助客户打造完美，用爱心为客户负责！

3. **核心特色**

（1）高端专属定制

美国得克萨斯州立大学奥斯汀分校在对 2500 个律师调查后发现，形象甚至影响着个人收入，外表形象有魅力的律师的收入至少高于其同事 14%。这是个很惊人的数字，也是大家经常看不上眼的事，尤其是男士，包括很多事业很成功的男士，大多认为男人靠的是智慧和实力来打天下，靠打扮自己来提升别人的认可度是可笑的事，但是在日益国际化的今天，我们中国新一代的创业者与成功者却不能这样认为，不能因为忽略形象细节而给自己的个人品牌抹黑。

帮助优秀的中国人通过形象定制而更加成功是伊万诺品牌的核心使命，所以，核心团队对于形象设计、服装定制、服饰搭配等专业领域进行了深入的挖掘和创新，公司把专业的服装设计和礼仪、公共关系、市场营销、身体及心理健康调节等学科综合应用于实践，通过一条龙的定制服务来为高端人士做形象管理顾问，坚持每件衣服都必须通过专业量体师的亲手测量，帮助顾客定制到称心如意的专属系列服装服饰，不仅帮助顾客修饰外表，更注重他们心理的调整和素质的提升；公司不仅只做设计，也会通过后期制作把服装完美地体现在客户身上，不遗余力地帮助广大客户缩短与成功的距离。

（2）企业工装品牌化定制

公司长期为企事业单位团体量体裁衣定制业务，积累了数以万计的量体尺寸。伊万诺有专业团队实地走进企业客户，全面系统了解分析客户的综合业务、团队特质等，就像对高端顾客的个人定制一样，用专业为客户"量体裁衣"，真正实现了企业工装品牌化和定制化，同时利用电子裁床按版裁剪，与传统的量体定制比起来，这样做不但可以使衣服的版型和品质更加稳定可靠，而且还能降低定制服装的生产成本，节约顾客上门订货的路途时间，大大提升了高级定制的性价比。

在此基础上，伊万诺还提供诸如成衣尺寸审核修改和根据顾客穿衣感受调整服装尺寸等更为专业细致的定制手段，以及"协助客户提升企业文化"等售后服务政策，为这些职业伙伴展现精准的专业度和艺术表达力，帮助他们迅速提升仪态风范，增强企业软实力。

4. 嘉宾心语——刘嘉龙[①]

我每天都付出极大的热情为我的客户做分析与提建议，帮他们选择

---

① 刘嘉龙系北京依万诺服饰有限公司总经理。

最适合自己的服装服饰。客户中的一些人非常出色，而且很清楚自己需要什么，我很乐于帮助和欣赏他们，就像对待艺术品那样赏心悦目，并不断地鼓励他们用自己最佳的状态去影响和带动周围的人。

如果允许我用语言来描述自己的工作，那么我会说：我要用自己的专业与努力，帮助一个普通的女人变成一名优雅的女人，帮助一位有追求的男人变成一个卓越成功的男人。

无论过去还是现在，这都会是我一生的职业使命。

要想拥有成功的人生，就先从改变自己的形象做起吧！

现在你是否愿意通过定制形象来塑造自己崭新的明天？

如果相信我，那么就来分享我的灵感，和我一起共创你的美好未来！

我和公司全体员工将以热情的服务与精湛的技术期待着与您的合作，获得广大消费者的好评是我们不竭的动力！

美好星指数：

创新指数：★★★★

爱心指数：★★★★

财富指数：★★★★

宏扬恒艺

1. 品牌定位

亚太地区美业空间设计第一品牌。

2. 基本描述

北京宏扬恒艺装饰有限公司目前是享誉中国美容行业的高端装饰装

225

修设计与施工机构，致力于高端会所的设计、施工和后期软装配饰，用专业与爱心给予客户专业一条龙的系统服务。公司具有设计乙级资质和施工二级资质，是中国美业有关协会的专业会员，目前已在上海、广州、成都设有专业工作室，拥有一批高素质专业的设计团队和经公司严格培训考核的高技术水准的施工团队。公司在完美设计与专业施工方面衔接紧密、统一协调、严格检查、充分保障施工质量，深得广大客户信赖与赞誉。多家设计新颖、风格各异、品质过硬的高端特色会所均出自宏扬恒艺。

宏扬恒艺是国内首家以东方智慧指导，以风水设计、风水软装为特色，根据客户的个性化信息进行合理文化解析，通过五行布局调理会所的财运气场，帮助客户的会所生意兴旺发达。

3. 发展历程

北京宏扬恒艺装饰有限公司成立于2003年6月18日，公司创始人高洁女士在美业空间设计领域具有独到的艺术感悟与多年的一线研究应用经验，企业从最早几十平方米、三四个员工发展成如今品牌化系统运作的现代化企业，聚集了一大批优秀的设计人才、施工人才和管理人才。根据市场形势，公司率先提出"美业空间一站式服务"的核心经营理念，把空间硬装设计和软装设计完美结合，专业设计师做到有故事、有主题，一步一景，在让客户省钱的同时，省心省力创造出最佳的视觉效果。

公司发展10年来，一直奉行"创新拼搏，服务客户"的企业文化，把确保客户满意度作为竞争核心力，以"诚信务实，合作共赢"为快速发展的确切保障，经过不懈的努力，打造出无数经典案例，得到行业内各界人士的一致认可。作为行业设计的领军企业，宏扬恒艺不断进行业界交流与跨界融合，在空间设计的艺术表现形式与文化创意方面与时俱进，时刻引领行业发展潮流，和国际接轨，推陈出新，设计出越来越多有思想、有灵魂的作品。

4. 未来发展规划

宏扬恒艺的未来发展规划是以风水为主导，树立美业设计第一品牌！

5. 核心特色

（1）风水设计让文化与商业相得益彰

公司聘请了风水之乡——江西赣州杨公嫡传弟子刘子文老师对传统文化与易经风水智慧进行精深研修与灵活运用。每个客户的设计方案在进行之前，刘老师都会根据客户的生辰八字测算出五行特征，运用东方智慧设计会所不同方位的合理布局，把会所的前台、咨询室等重要功能区间通过方位、朝向、色彩等诸多元素的最佳组合，确保会所不论从宏观布局还是细节把控方面都做到科学合理、和谐旺财。

专业设计方案遵从风水老师的调理与发挥，同时充分尊重与结合每个客户与众不同的企业文化与老板个人魅力特征，把个体风水和企业文化融会贯通于整个设计方案中，把商业与艺术、传统与现代、规律性与独创性完美结合，首创文化为魂、专业护航的设计方案。

（2）流程化作业，高效施工又好又快

作为行业的领先设计品牌，宏扬恒艺了解美业行业内的最新行情和动态，敏锐意识到美业最新的商机所在，与时俱进地更新和创新发展思路，为客户提供最适合美业空间的功能设计。在施工方面，我们的施工队伍是具有多年美业空间施工经验的专业级施工队伍，能够与设计师完美无缝隙地衔接与配合。施工人员全部经过公司的严格筛选和专业培训，满足美业空间功能的各种特殊需求。

宏扬恒艺确保从平面设计、量房到开工，效果图设计和施工图的设计、一套完整的设计方案在7个工作日完成。一家1000平方米的会所，施工严格按照施工表进行，70 天完美竣工。这种一条龙的高效设计与施工模式为客户赢得了提前开业的时间，间接帮助客户创造了大量效益，这就是专业团队的工作效率。

（3）精品软装画龙点睛，深得人心

对于设计装饰行业来说，空间无软装则不细致，室内无软装则无灵魂。

作为整个空间设计的画龙点睛之笔，宏扬恒艺的软装设计团队对艺术与人性的把控令人赞叹不绝。他们根据前期风水大师所指定的催财旺运的色彩与空间进行完美的融合和搭配，达到浑然一体的效果。成功的装修装饰设计会让每一位到店的消费者都能感受到店家精心为其准备的大到景观文化，小到饰品摆件、精细茶具的良苦用心，让消费者在会所放松身体，舒缓压力，抛弃烦恼，快乐消费。

正是因为始终把客户利益放在第一位，用心用爱去帮助客户的事业蒸蒸日上，所以，宏扬恒艺赢得了越来越多的客户满意的笑脸。

美好星指数：

创新指数：★★★★

爱心指数：★★★★

财富指数：★★★★★

润智铂美

1. 品牌定位

精细化会议（活动）策划专家。

2. 基本描述

北京润智铂美会议营销服务机构是一家专业"做会"的营销服务

机构，秉持"专业·专注·专心"的服务宗旨，以会议营销服务为主营项目，服务对象为美容化妆品行业厂家、代理商、终端会所，提供包括高端商务会议、企业招商会、答谢会、终端会等会议策划、组织、执行等相关服务；同时可为广大合作伙伴提供包装设计、网站建设、视频制作、教育培训、团队拓展等服务。

在专业细分的市场环境下，术业有专攻，互补多赢成为主旋律。而润智铂美的出现则填充了市场上专业会议策划与服务的空白点，使得企业和广大终端机构可以聚焦自己的业务优势，把会务需求外包给专业的润智铂美，实现扬长避短，放大主营业务效益。

北京润智铂美会议营销服务机构的诞生实属应运而生，"专业第三方"的角色定位让很多客户大有"相见恨晚"的感慨，找到差异和潜在市场需求，不就是不争而争的境界吗？

3. 发展历程

北京润智铂美会议营销服务机构以赵双平老师为核心的主创团队，具有美容行业企业经营管理、终端实战经营、全案策划、事件营销等各领域的专属经验，曾多次参与诸多里程碑式行业事件，其中不乏数千人高端会议。通过500多场会议活动积累的实战经验，润智铂美以细节化操控、专业高效执行、系统运作为代表风格，为众多合作伙伴打造知名度、提升业绩提供了强有力的支持。

在这个过程中，良好的口碑也使北京润智铂美会议营销服务机构成为众多商协会、厂商首选的会议营销服务机构。

- 企业文化

以会议营销为润滑，助力企业快步前行。

以智力服务为导向，引领企业腾飞冲天。

以铂金信誉赢客户，立信于天下诚为先。

以美妆行业为平台，赢取行业美誉口碑。

4. 核心特色

（1）资源丰厚，以点带面主力美业发展

独家拥有中国美容化妆行业深厚的媒体、展会、协会等上游资源，掌控充足的生产商、经销商和庞大的终端网络资源，汇集国际和国内优秀的品牌管理、专业技术、营销管理等专家及策划、培训精英，系统建立行业数据库，深度研究产业发展轨迹，以专家、科研、文化、传媒、数据为核心，五位一体，为企业和美容院客户提供终端会、招商会策划分析、执行系统导入及配套管理培训等支持，并在此基础上，持续推动行业健康规范发展！

（2）结果为导向，与客户携手成长

润智铂美从市场一线而来，长期以结果为标尺，以客户满意度为核心使命，用专业会务策划与服务的实战优势帮助客户解决实效需求。在发展过程中，润智铂美往往通过一次会议的合作系统提升企业的综合竞争力，迅速赢得了良好的市场口碑，很多客户转成了长期的战略合作伙伴。为客户负责并非一句空话，润智铂美对客户的了解、沟通与服务支持链条环环相扣，不断组织国内专家和互补的业务机构深度介入企业营销管理与招商发展需求，延伸进行营销策划、企业文化包装、主题活动策划、员工培训等领域，为企业排忧解难，帮助企业获得更好的市场信誉与更大的项目营销价值。

美好星指数：

创新指数：★★★★

爱心指数：★★★★

财富指数：★★★★

后 记

秋浦书院的温暖启示

此刻是 2013 年 12 月 6 日晚 10 点，这里是北京，这里繁华日盛，只是空气有些习惯性的污浊。在自家书桌前，我与香茗为伴，在简单平静中试图为本书写下自以为是的后记文字。

莫名地，忽然感觉任何文字都很苍白，在这个快节奏的丰富时代。

今天早上 95 岁高龄的南非前总统曼德拉逝世的消息令人唏嘘，他那句"如果我不宽恕罪行，就永远活在监狱中"的心语帮无数人开阔了心胸，而老人家在就职典礼上为曾经虐待自己的狱警鞠躬的行为赢得了全世界的尊重！在人性之美和无疆大爱面前，战争与仇恨又算得了什么？

刚刚接到杭州朋友的微信语音留言，说她戴着口罩很晚才到家，漫天的雾霾快要让她窒息；而 12 月 5 日央视的晚间新闻中播报南京大雾弥漫，能见度貌似不到 5 米，竟然有居民要凭借导航回家，惊恐的是，这哥们可是步行！

这两天媒体报道刚刚从世界 500 强中石化青岛燃油管线爆炸惨烈现场冷却下来，北京街头老外撞女士的是非与重庆女孩摔婴事件的人性与道德评判又席卷而至。

坦率地说，眼前所见与心中所感皆有些纷乱嘈杂。

我不知道有多少人和我一样，渴望这个世界美好纯净，渴望看到蓝天白云和青山绿水，渴望本分自强地活着，渴望绽放和收获善良慈爱的笑脸。

同样在前两天，我走进一堂女德智慧的课程现场，与众多学员一起收获了满心欢喜和美好的智慧，而雨花斋免费布施素斋与义工团队的大爱付出更是温暖和净化着我们每个人的心。

是的，世界不缺美好，缺的是发现美好的眼睛；生活中也不缺爱，缺的是点燃当下自己心中那朵爱的火种。

接下来，我不再多言，虔诚用心呈现我所敬重的张真老师和秋浦书院的缕缕霞光，一起追寻中华民族源远流长的文化根脉，共同走进"不竞争"的大美境界……

秋浦书院——千年一脉自水流

一个人，以慕道好诗而闻名千年；

一条河，因斯人远来留诗百首而道名远扬；

一座书院，从此处发源承先辈之意，弘圣贤之德。

在李白壮志诗情的起起落落里，书院刚刚兴起，始藏书、主祭典、兴讲学。一支竹筏搁浅，它溯流而上，再次来到蜿蜿蜒蜒的秋浦河，河水澄明，猿声嘶啼，隔云望长安，道流现古今。这条承载着李白心念流转、悟道归真的河流曲折延展，时有茂林，或被隐藏，却终不中断。他曾写："江祖一片石，青天扫画屏。题诗留万古，绿字锦苔生。"那年他于石上读古诗，而今他诗遗石也作古。时移事往，守候与传承之情却从未停止。

公元 2012 年，秋浦之乡的郑孝和先生联合社会贤达倡导设立秋浦书院，聘请知名学者张真为院长，水流明净，锦苔褪去，万古长音显露。

"书院"这个名词晚至唐时才出现，尽管如此，作为倡导回归生命宏大、志在传承内圣外王之学的书院精神，伴随人类智慧的开启，便以种种私学的形式展现于世界上每一个充满人性光辉的角落。即便某些时期，形式上的书院被封存，但是良知存则书院存，一士在则书院在，它一席朗照，则万古如斯。鬼谷子的山洞是书院、孔子周游列国的小路是书院、少林寺的达摩洞是书院、范仲淹王阳明的军营是书院。在安徽合肥北郊的一组徽派建筑中，每当第一缕晨光倾洒下来，照拂在玄关的"良知"二字上，"书院"也映射进了途经它的人的心中。

秋浦书院张真院长在玄关背后题如是文，告书院同人：

先师孔圣设教杏坛，以"学而时习之"发蒙启慧，真一言而道尽万理矣！学习者，知行之谓也，学而不习溺于文，习而不学伤于理，故善学者必成之于习；勤习者必证之于学，学而时习，乃圣贤念念不忘于事上见功之处。

余于丁丑（1997 年）告誓天地先祖，若天不弃予，小子一日呼吸当一日弘毅。日行诸事，不敢怀私，虽不敢以弘道自许，亦不敢自弃毁德，诚惶诚恐，善护良知大宝。养天地之正，礼万世之宗。

今蒙天方郑公托以书院，得与天下仁者同参，此余之幸。书院设正经，尊生，游艺，茶事，诸部，倡导道器不二，于事上修身，不坠空谈，不陷事物。先存诸己，后施于人。

书院乃人之书院，非物之书院，诸生之气象，即书院之气象。故设讲堂以明德，置茶楼以化性。若人不能内圣己身，必不能外王德化。诸生诚能发大志愿、善护本心，守先祖道业，待后之来者，则秋浦书院必将蔚为可观矣。

秋浦心斋——照见生命的庄严

书院有菜园三方：一曰播种，二曰耕心，三曰锄妄，四时物候化育在其间；有斋馆一间，名曰见素，饭蔬自珍，洒扫应对；茶案置于前，三杯两盏之间以物雅归心静，心静而照见万物；有清香袅袅，有琴音萦于梁上，与心泉共印证。有一隅置备可购物品，敬天利人，亦无须打理。

六时清明，晨昏有定。一鼎炉香，一张长案，一柄紫砂，佳茗悄然吐馨香；一壁水墨，一架古籍，一床瑶琴，竹移影动微辰光；一畦白菜，一丛蕙兰，一川溪水，燕雀停在屋檐上；一盏橘灯，一室雅静，一尊圣像，闻道明师晨露中，当这些同时出现，要么是在宋词壁画里，要么是在秋浦书院中。书院崇尚生命至真至慧、大义大美，以诵经、静修、讲学及茶、琴、香、书等艺道，滋养心灵、启发心性，让生命回归本然。诸多仁人志士倾情授课，在雅文化方面的传承不止为雅器本身的不失其所，亦是作此故。书院设学规、定院礼、明教化，有早课晚课之规范，有讲学，有漫谈，有雅集，年轻的学子端坐圣教像前，持得一本正经在胸。学于经典，习于事务，学子们白天或管理内务，或执茶做饭，或耕耘播种，于事上磨炼，方才立得住。

秋浦弘化——那个千年不变的杏坛梦

书院是中华民族养护人心良知的地方，是士子精神的养护所，自古书院的功能有二：一是弘道；二是祭祀。弘发天地永恒之道义，人才能不被异化为有高等欲望的动物。祭祀是为了祖先的道义能薪尽火传，良知道德才不至于中断。

秋浦书院自创院以来，始终不忘其本。聘请国内一大批知名学者到书院分享圣贤思想，逐渐形成了以中国文化书院秘书长、书院首席导师苑天舒为主开办的管子系列讲座；以中国开心文化书院院长、书院首席导师顾瑞荣为主开办的老子系列讲座；以中国连山堂创办人、秋浦书院院长张真为主的庄子系列讲座；以书院首席导师梁启忠为主开办的朱子系列讲座等，这些讲座以"内圣外王"为主线，围绕着"良知"二字，把圣贤能量聚集起来，形成强大的磁场，感染着走进书院的每一位朋友。

书院设立外物部，置精器，弘德化，先后开办秋浦茶道班、秋浦香道班、秋浦一日禅、秋浦童蒙班、儿童冬令营、夏令营、秋浦读书会与传习社等。以星火之光，弘化一方，并很快形成带动个人与家庭读经的燎原势态。

"慎终追远，民德归厚矣。"我们是谁？我们从哪里来？我们要到哪里去？秋浦书院主张用祭祀使人们找回民族之根本，自身之延承。继2012年书院在筹备期间举办"中国首届布衣祭庄大典"后，2013年春季又举办了"全球布衣祭庄大典"，之后又参加了岳麓书院发起的"全球诵经祭孔大典"。

在祭祀先贤中，书院坚持了以下做法：

一、发心祭祀。所有参加祭祀人员，食住行均自费，没有报销、没有赞助、没有免费，尽其意诚。

二、静心祭祀。参加祭祀者有五到七日的斋戒诵经，素食、素服、素心，尽其自然，回归本心。

三、平等祭祀。不管是企业家还是一介书生，不管是官员还是百姓，均以布衣身份，趋步参拜，尽其恭敬。

祭祀的意义在于守先待后，继往圣之绝学；薪尽火传，续先圣之一脉。祭祀是一种向外的方式，祈请自己内在良知的回归，进而明白自己对于时代和民族的责任，意义不容小觑。

秋浦书院自创立开始，即发愿以纯粹之心持守传统书院精神，崇尚生命至真至善、大义大美，以诵经、静修、讲学及茶、琴、香、书等艺道，滋养心灵、启发心性，让生命回归本然宏大与自在，期许能够让有心者在浮躁的时代依然可以优雅诗意地活着，期许中华文化千年的传承在此得以延绵永续。

深深礼拜古圣先贤，感恩今日贤良于闹市红尘掬一捧良知净土，于时空穿梭中守一份圣贤大德，敬天爱人，修身齐家，用一朵花的美，灿烂整个春天。

小刀老师

2013 年 12 月 6 日晚于北京